介護する人
される人

心に届く

Activity 介護力

毎日の
疲れないケア
実用集

高齢者
アクティビティ・プロデューサー
佐藤典子

青萠堂

読者の皆様へ

　高齢者の介護とは、身の回りのお世話をすることではありますが、ただ身体的ケアをするだけではすまされません。体のケアは当然のことですが、介護は心のケアも欠かせません。お母さんの介護のために会社を辞めて専心しなければならなかったという方も知っています。介護は今や人生の重大課題です。

　介護疲れでウツになる例も少なくありません。できれば、介護する方もされる方も喜びを育む心のケアでありたいものです。大切な介護されている人の瞳に輝きが生まれ、はつらつとしたエネルギーが湧き出てくることが望みです。物事に感動し喜びを感じ、生きるエネルギーがよみがえってほしいのです。

　一流ホテルのコンシェルジュが馴染みの顧客の心配りや何をしたいか察する心を持っておもてなしをするように、介護される方の笑顔を生み出す「介護力」をつけるように努められることが大切なのではないでしょうか。

本書は微力ながら高齢者のアクティビティ・プロデューサーとして各施設に伺い、趣味や文化活動のお手伝いをしてきた実践の経験からまとめたものです。

お役にたつことを願っています。

はじめに

私は若い頃から、母に「ありがとう」などの優しい言葉をあまりかけてもらいませんでした。ところが、介護が必要になってきて、初めて「うれしい」とか「ありがとう」という言葉を頻繁に聞くようになりました。

私が夕食介助をしているある日、97歳の母が、とうとつに「典子、お手玉をいくつできる？」と、問いかけてきました。

「そうね。３つくらいはできるかな？」と生返事。

母は、「奥の押し入れに、お手玉をたくさん作ってあるから持ってきてみ」と、催促です。

ありました。母の手縫いのお手玉が70個ほど。

「貸してみ」と言って、母は関節炎で曲がった指で赤い布地に白い文様《もんよう》のあるお手玉を3つ、手のひらに乗せました。

そして、「ほら、一つ、二つ、三つ」。お手玉3個を交互に投げ上げ、片手で見事に受け止めました。それを3回ほど繰り返します。

私もやってみましたが、３つがやっと。いつも「典子は、何もできないね」と言われているだけに、苦笑いすると、母は自慢顔です。この童心の母のうれし気な様子。私の気持ちも和らいだひと時でした。

母は85歳頃から毎日午前中、バスで町の福祉センターに通い、お手玉をはじめ、長さ2センチほどの小さなリリアン（手芸用のひも）の草履やシジミの貝殻に布を貼ったストラップ、和服地の袱紗《ふくさ》などたくさんの手芸作品を作り、社会福祉協議会や農協のバザーなどに出品していました。

「皆さんに使ってもらえればうれしい」と、作品作りの日課が充実し、楽しかったようです。

こうした作品作りの他にも、町の合唱倶楽部にも参加。しわがれ声ながら浜辺の歌など童謡唱歌を歌い、舞台発表もこなし、若い方々とも積極的に交流し続けていました。

誰に言われたわけでもありません。楽しみの時間を自分で作り、自ら興味のあることに取り組み、心の中の火種をしっかり赤々と燃やし続けた結果です。

私がアクティビティ（趣味活動）でお会いした高齢者の皆さんも、いそいそと個性的な作品を作る人ばかり。年を取ったからといって、心の焔《ほむら》は少しもしぼみ消えていたわけではありません。

その扉を開き、共に楽しみを分かち合ってくれる水先案内人がいると助かります。誰もが好きなことに向き合うことができると、「私の人生は満更でもない」と、満足感が鬱《うっ》な気分を和らげてくれることでしょう。

介護生活は、日常生活の連続線上に唐突に現れます。そこでうろたえず特別視することなく、日々の暮らしを普段通りこなしていくことが大事です。その中で、笑顔をつくる機会をつくり、ご自分も気分転換をしましょう。

不具合があれば、あせらずにできるだけ平常心でサポートして、寄り添っていきたいものです。それこそが、父母との心の紡ぎ直しの貴重な時間となると思います。

目次

介護する人される人　心に届く介護力《Activity》

読者の皆様へ　3
はじめに　5

第1章　生きる気力が突然よみがえる手がかり《アクティビティ》　17

[音楽] 98歳、見事アメイジング・グレイスを弾く　21
[短歌] 短歌が孤独を孤独力に変える　23
[習字] 目にハンディがあっても文字の宇宙は無限にある　27
[花見] 寝たきりの心を満開の桜が救う　31
[囲碁] 「先生!」と呼ばれるだけで鬱《うつ》が消えた　34
[水彩画] 絵を描く力は「生きてきた私」の証《あかし》　39
[布アート] 麻痺していた手が動き出す「私も満更じゃない」　44

第2章　母に教えられた寄り添う介護　49
1【記録】
排便ケアには秘密の暗号を　52
2【身だしなみ】
服をひとりで着られない、母との紡《つむ》ぎ直し　56
ズボンの前後が分かるボタン付けの秘密　60
便利よりもなじんだ肌着選びが気持ちよさのもと　61
おしゃれ80歳、赤いピアスが元気の秘訣　62
真っ赤なマニキュアもいきいき介護の一つ　66
3【入浴】
娘と入る温泉が100歳自慢で世間とつながる　70

「三味線を聴かせて」と入浴を誘う　73
宅老所では身内も同じ、お風呂も一緒　76

4【患い】
「つまらない」は聞こえない母の、難聴の訴え　80
子どもたちへのボランティアで服装はこざっぱり変わる　84

5【食事】
「飲みたくない」口癖は、水分補給の難しさ　87
お茶もジュースも組み合わせ次第　91
マイ茶碗ににっこり　93
屋台の仕掛けで食欲増進　95
「お昼ですよ」赤いテーブルクロスのサイン　97
欠食も好物の漬物一つでお箸がすすむ　99

「沈黙は禁！」会話の〝ふりかけ〟に食欲が湧く 101
おふくろの味は介護食の強い味方 104

6【排せつ】
スッキリ気分は便秘解消が第一 107
オムツよりリハビリパンツを使う「尊厳」 110
家のトイレ環境は手すり次第 113
排せつをラクに介助するヒント 114
ポータブルトイレをベッドサイドにが肝要 116
ゴミ箱をトイレ代わりにさせない認知症ケアの工夫 118

第3章 介護の暮らしを彩《いろど》る楽しい時間づくり 123

1［音読］物語にいざなわれる懐かしき記憶 126

エピソード1　母と読む『きつね三吉』　127
エピソード2　みんなで読む『祇王《ぎおう》』　128
2［合唱］上手な声に引っ張られて変身　130
エピソード1　意外に美声？「とんがり帽子」　131
エピソード2　母とデュエットする童謡　134
3［絵手紙］心のきらめきを切り取る手法で思いを伝える　136
エピソード1　大切にしまわれていた娘からの「葉書の束」　137
エピソード2　励ましの一筆「見上げてごらん」　138
エピソード3　田舎の妹と交わす毎月の心の便り　140
4［吹き矢］楽しみながらできる腹式呼吸の健康づくり　143
エピソード　「真ん中に当たった」気分は爽快　144
5［水彩画］モネかピカソか、上手より好きなように描く　147
エピソード　楽しく描けるなじみのモチーフは台所の野菜で　148

6 [陶芸、粘土細工] よみがえる泥んこ遊びの記憶 152
エピソード1 「ろくろ」がなくてもできます 153
エピソード2 紫陽花の葉っぱの型紙でお皿を作る 156
7 [染色] 昔は家で洗い張り、今はハンカチ染めの贈り物 160
エピソード 安価な染色で、アッと驚く、つややかな色 161
8 [紙工作] 夏祭りの夜店のお面を思い出し 166
エピソード 「あら、このお面、作った人にそっくりね」 167
9 [園芸] プレゼントに使えるやすらぎの草花づくり 173
エピソード1 ベランダ園芸でチューリップ 174
エピソード2 畑を借りてお花畑を造る 176
10 [布アート] 古い着物の端切れを貼って花を描く 180
エピソード モダンなちりめんのアネモネにビックリ 181

第4章　日々の介護をもっとラクに気分よく　187

1　季節の〝じきたり〟で介護をリフレッシュ　188
2　便利なお出かけ袋を用意する　190
3　手づくりのお祝い膳で、食卓に季節感を　191
4　元気のもとは若返りスープです　192
5　スプーンに頼るよりお箸を使えるプライドも大切　193
6　ワイシャツリフォームでエプロンをプレゼント　194
7　誤嚥予防の〝パタカラ〟体操は効果的　195
8　食卓テーブルに緑を添えてお茶会を開く　196
9　「家族がいるよ」と、枕元のラジオで空気を変える　197
10　手でできない日常も電化でスムーズに　198
11　就寝時にひとりにさせない身の周りケア　199
12　車いす生活には大きめのニットが便利　200

13 身体が不自由でもおしゃれ外出を手助けするグッズ 201
14 簡単にしてあげられる下着の名前つけシール 202
15 ソックスは心地よさ優先でまとめ買い 203
16 下着の着替えは運動をかねて 204
17 ポータブルトイレを清潔に使う処理袋のコツ 205
18 手のひらマッサージで伝わる親愛の情 206
19 認知症カフェ活用で耳より情報を得る 207
20 寄り添ってもらえる賢いケアマネージャー選び 210

あとがき 214

カバーデザイン　U・Gサトー
本文デザイン　青鹿麻里

第1章

生きる気力が突然よみがえる手がかり《アクティビティ》

母の夕食介助をしていたある日、「骨を取ってあげるね」と食膳の魚に手を出したところ、母はうるさそうに「自分でできる」と怒って、私の手を払いのけました。

驚きました。「できないだろう」という思い込みが母のプライドを傷つけたのです。「人の世話にはならない」という母の強い思いをないがしろにしてしまったのです。

世話をする際によく「思いやりを持って」と言われますが、相手の自尊心を理解する気遣いがいささか不足していたようです。反省しました。

高齢者施設でアクティビティ（趣味やレクリエーション活動）の支援をしていると、そうした場面にしばしば出会います。

皆さん声には出しませんが、本当は、「何かをしたい。何かに取り組みたい」という密かな感情を持っているのです。

施設を訪れ、活動を始めると、待ちわびていたにもかかわらず、毎回、こんな言い訳が飛び交います。

「初めてで、分からない。教えてください」

「水彩画なんて描いたことありません。できませんよ」

「私が育ったのは戦争中だったから、学校で読書なんてしませんでした」

「子育てと亭主のことで手一杯、自分の時間なんてなかったから、何もしてきませんでした」などなど。

自負心があるのです。うまくできなかった時の事前の口実です。

しかし、言い訳をしつつも、いざ始めると、目はきらきら大きくなって、金銀赤緑と画面一杯に花火の絵を描く姿は、生きる力に溢れています。

「年寄りは地味好き」ではありません。

「年を取ったら新しいことを覚えられない」ということは、間違いであるとつくづく感じさせられます。

「認知症になると読めない、書けない、何もできない」ということもありません。

年をとって記憶力が衰えると心も枯れていくと思いがちですが、そうではないことを皆さんの活動する姿が教えてくれます。むしろ、気持ちは夢中になることを求めているのです。

介護をしていると、なかなか趣味や楽しみの時間にまで気が回りません。しかし、何とかそうした機会を作り、背中を押してあげたいものです。

介護されている方々が興味を持って取り組むことが見つけられれば、悔いなく「生ききる」ことにつながるのではないでしょうか。

私が見聞きした方々は、皆、生きる手がかりを見つけ、「老いや病に負けないぞ」と意欲を持って暮らしていました。

［音楽］98歳、見事アメイジング・グレイスを弾く

夕食後のK老人ホームの一室からピアノのアメイジング・グレイスが響いてきます。弾いているのは、98歳のOさん。「もうすぐ99歳よ」と、張りのある静かな声です。

細身で椎間板ヘルニアのためやや腰が曲がったOさん（介護1）が、このホームに来たのは、10年前、背の高いご主人と一緒に入居されました。

戦争中にOさんのご主人は、召集され満州へ。戦いが終わった後は捕虜としてシベリヤに抑留され、待っても待っても帰ってこなくなりました。

生存もわからず、Oさんは、「自分の心をどう慰めて、どのように子どもを育てていけばよいのか、とにかく、必死でした」と、不安の日々を述懐します。

「昭和25年でしょうか、帰らない人々のことが新聞に掲載されて、不安は募るばかり、そんなときにラジオから流れるピアノのアメイジング・グレイスの音色が心を癒し、いつか自分でも弾けたならと、心に残っていました」

ご主人が無事帰還した戦後の生活は、趣味をする暇もない忙しい生活でした。その反動からか、Oさんは、K老人ホームに入居すると、ホームが提供する様々なレクリエー

ションに積極的に参加し始めました。

中でも合唱の先生のピアノ伴奏に心躍り、個人指導をお願いしました。

Oさんは、ピアノの練習に夢中になりました。息子からプレゼントされたピアノで毎夜練習し、様々な曲を演奏できるようになりました。

ちょうど、入居して2年。アメイジング・グレイスを何とか弾けるようになった時、ご主人が他界されました。悲嘆にくれたOさんの一人ぼっちの寂しさを慰めてくれたのが、ピアノの音色でした。

さらに、今度はOさんの娘さんが倒れました。

「人生何があるか分からないんですよね。教職にあった娘が脳出血で倒れ、右半身不随で、言葉も出なくなって、まあ、悲しくて、悲しくて、私より娘が動けないのは悲しすぎますね。でも」と、Oさんは言葉を続けました。

「この時もピアノの音色に救われました。なんとなく、昔の苦しく不安の中で聞いた音が耳に響いていているのです」

後日回復した娘さんは、笑顔でこう語ってくれました。

「母が、こんなにピアノに夢中で、弾けるようになっているなんて知りませんでした。

電話の向こうの母の声が、弾むようになったのが何よりもうれしい」

【短歌】短歌が孤独を孤独力に変える

「ジリリーン、ジリリーン」

今日も食事前の時間にY軽費老人ホーム四階のMさん（75歳）の部屋の電話が鳴りました。

Mさんは、「出たくないなあ」と思いつつも受話器を取りました。

「もしもし、お昼のレストランに一緒に行きませんか」と、5階の友人のIさん（77歳）からのお誘いです。

毎回の食事の前にかかってくるIさんのこうした電話に「もう、うんざり」と、Mさんの気持ちは、日に日に拒絶感が強くなって、受け答えは、若干ぶっきらぼうになってきています。

電話は、朝、昼、晩とひっきりなしに、毎日鳴ります。

ある日、Mさんは思い切って、Iさんに「外出しない限り、このレストランで食事をしますから、毎日電話をくれなくても大丈夫ですよ」と、強い口調で話しました。Iさんは、その時は「はい。はい。分かりました」と笑顔で答えても、その翌朝には、電話のベルが鳴るというありさまです。

MさんとIさんは、若い時から同じ百貨店に勤務した先輩と後輩の職場仲間でした。2人とも独身で、Iさんの趣味のクラシック音楽を一緒に聞きに行ったり、食事会も時々するほどの大親友でした。

退職後は、お互い一人暮らしなので、Iさんが紹介するこの軽費老人ホームに一緒に入居。

別々の部屋、でも同じ屋根の下に住むのは心強く、いつも買い物や観劇に2人で行動を共にしていました。

Iさんは、ふくよかで色白、いつもにこやかで静か、毎日着替える洋服は淡い色のあでやかな雰囲気です。Mさんは細身、文学が好きで、時間があれば1人で、部屋にこもって本を読む日常です。

そんなある日、Mさんが転び、大腿骨骨折《だいたいこつ》で、近くの病院に入院しました。細身のM

さんは回復が遅く、入院期間も長引きました。

身のまわりの面倒はIさんがよくみてくれましたが、不思議なめぐり合わせで、数か月後、今度はIさんが転び、入院をしたのです。

今度はMさんが、身の回りの世話をし、支え、何とかIさんも退院し、普通の暮しに2人とも戻ることができました。

しかし、2人の暮しが平常に戻った頃から、Iさんの日常生活に若干、薬の飲み忘れなどが起こり、混乱も見られるようになってきました。そして、毎日の電話の呼びかけがはじまったのです。

困惑したMさんは、5階のR婦人（80歳）に「私は、いつまでIさんの面倒を見なければいけないのでしょうか。友達だけど、一生の面倒はみられないわ」とボヤキ、「他のホームに変わるしかないかしら」と、我慢しきれなくなって相談しました。

R婦人は「Mさん、私は短歌を学んで楽しいから、気分転換にあなたもいらっしゃいよ。Iさんは、寂しさが募っているだけなのよ。私たち5階の仲間が食事の際のお世話をして、一人ぼっちにしないから大丈夫よ」と、助言し勇気づけてくれました。

アドバイス通りMさんは、さっそく、短歌教室に参加することにしました。すると、たちまち文学的才能を発揮し、つぎつぎと作品を発表。３年目には新聞投稿で、たびたび掲載されるようになりました。

一方、Ｉさんは、毎回の食事のテーブルが、Ｒ婦人とその仲間の６人席の談笑の輪に加わり、食事の時間を楽しむように変わっていったのです。

しかし、Ｉさんの認知症の症状はさらに進んでいきました。そこで、近隣に住む弟が、時々顔を出して様子を確認しつつ、生活支援をするようになりました。

それから3年後。Ｉさんは、隣のグループホームに移り、そこで食事を作ったり、合唱を楽しむなど、新たな穏やかな生活をするまでになりました。グループホームの合唱の声は、Ｉさんの響く声とともに、隣のＹ軽費老人ホームにも伝わってきます。

Ｒ婦人は、夕食後のテーブル席でＭさんに「友達だからといって、一生の面倒を見られるわけがないわ。私も短歌教室に参加して、作品作りに没頭できて、寂しさをまぎらわせているもの。その上、おしゃべりできる仲間がいてよかったわ。救われる」と、介護における友人の在り方や孤独に陥りがちな高齢者の気持ちをゆっくりと打ち明けてくれました。

［習字］目にハンディがあっても文字の宇宙は無限にある

Aさん（82歳・介護2）は、2年前にホームに入居しました。

Aさんは途中失明者です。師範学校を卒業して、教職に就き、小学校教師を務めるうち、昭和30年、ツベルクリン注射の投与後、眼底出血し、全盲となってしまいました。

そのため、子どもたちを教えることができなくなり、故郷、茨城県から上京してきて、鍼灸《しんきゅう》マッサージの資格を取り、生計を立てるようになったのです。

鍼灸師として、80歳まで現役で仕事をしてきましたが、体力も衰え、このホームに入居することになりました。

ホームに暮らすようになって、当初、友達もできず、ホームが用意する様々なレクリエーションに参加することもありませんでした。

「目が見えないからできないだろう」と、職員は積極的には誘ってきません。

これを懸念した講師が、「少しでもできるといいかもしれない」と、素材に布を使うために手触りでイメージを形づくれる「布アート講座」に誘いました。

時間になると、レストランのL字に並べたテーブル席の左の角に、Aさんが少し顎をしゃくるように顔をあげ、手を膝の上に置いて着席しました。

今回は「3枚のサヤインゲン」がモチーフです。

Aさんは、笑顔で講師を見ます。

「ここに絵具の代わりの布があります」と、作業手順を説明します。

Aさんは、「これは、どんな柄ですか。木綿ですか？」と、布の感触を確かめていきます。

講師の「木綿です。薄い緑の布で、小さい花柄模様です」という答えを聞きながら、Aさんは「3枚のうち、真ん中は緑の無地に、左は花柄に、右はチェック柄のような布にしたい」と、布を選びました。

Aさんの指は太く、器用に動きます。指先の感触で的確に布を選んでいきます。

選択が済むと、選んだ布を、サヤインゲンの型紙に重ね、布切りは講師がサポート。次にAさんの指に講師が指を重ね合わせて、切った布を台紙に一緒に貼っていきます。

「布の肌触りが柔らかくていいですね。面白い」と、最初の緊張感も取れ、遊び心が動きます。貼り終わって完成です。

Aさんは、サヤインゲンの形を確認するように、指でなぞり、「出来栄えは、どうでしょう。いいですかねえ」と顔がほころんできました。

目が見えなくても、Aさんには、布の厚みの3個のサヤインゲンが見えたのでしょうか。

「玄関に飾りましょう」と提案すると、「妻に見せたいです。妻はおしゃれですから、何と言いますかねー」と、一層晴れやかな笑顔になりました。

さらに「文化祭にも出しましょう」とすすめると、「文化祭!すごい。それは楽しみです。目が不自由なので、作品を出せるなんて考えても見ませんでした。思いがけないお話です。生きていると、こんな愉快なことが起きるんですね」と、大喜びでした。

これをきっかけに、Aさんが変わりました。

次の挑戦は、習字です。盲目での書道です。

書道の時間に「好きな字は何でしょうか」との書道アシスタントの問いかけに、「平和です」と即答。

そこで、筆を手に持ってもらい、「では、空中に平和の平という字を書きましょう」とうながして、手を挙げてもらいました。

Aさんは、「平はまず横に1本引いて、左右に点を打ち、その下に横1本引き、最後に縦棒ですね」と言いながら、空中に「平」を書きました。

それから、そのイメージの残っているうちに、Aさんは、「墨の香りがいいね」と言いつつ、しっかりと握った太い筆にたっぷり墨を付け、机の上の半紙に、「平」という文字を書きました。最後の縦の棒線は、とても力強いものでした。

和という字も空中に書いてから、同じように半紙に書きました。

「平和」と書いたAさんの習字は、ホーム長が、その素朴で個性的なのびのびとした書の良さに感じ入り、額に入れて、玄関横のサロンに飾られました。お茶の時間に集まった人たちからは、「Aさん、上手ですね。力強い字です」と称賛の声があがりました。

Aさんは、これがキッカケになって、入居者の皆さんの声を聞き分け、レストランでのおしゃべりを楽しむように変わってきました。

「お父さんの字は、さすがね。昔の筆遣いよ。すてき!」と絶賛する妻に、「人生捨てたもんじゃない。どんなときにも、めげずにやってみることだね。私の人生そのものだから」と、Aさんはだいぶ前向きです。

実は、途中で投げ出したくなったこともいっぱいあったかもしれません。しかし、そんな苦労はおくびにも出さずに、ただ、ニコニコと満足そうでした。

［花見］寝たきりの心を満開の桜が救う

常日頃から「まだまだ、若い者には負けん！」が口癖の剛毅《ごうき》なSさんは、83歳、工務店の経営者です。

ある日の夕暮れ、Sさんは外回りを終えて50CCのバイクで事務所に帰る途中、交差点でダンプを避けようとして転倒し、病院に救急搬送されました。

四肢の自由がきかない脊椎損傷の重傷です。

入院は3か月に及びました。Sさんは、「早く家に帰りたい」と、言いつのります。根負けした家族は、寝たきりのSさんを、自宅に引き取ることにしました。

在宅介護は、ケアマネージャーと相談し、Sさんが我が子同然に頼りにしている長男の嫁のK子さんがキーパーソンとなりました。

しかし、まったく動かない身体を介護用ベッドに横たえたSさんの絶望感は深く、「何にもできない。もう死んでしまいたい」と、訴えることしきりです。

「何とか、少しでも体を動かせるようにしてあげたい」と、主治医と往診医、訪問看護師、理学療法士、介護士でチームを作り、ケアプランに基づきリハビリが始まりました。

サービス担当者会議が月1回開かれ、体調の確認が行われます。

目標は、「寝たきりから座る」ことです。リハビリは週3回、その間に訪問マッサージも入れました。

しかし、リハビリが順調に行くかにみえた6か月後、Sさんは、同じことを繰り返すリハビリに我慢しきれなくなり、一向に良くならない身体にいらだち始めました。

「座ることもできないのだから、生きていても仕方がない」とつぶやき、落胆し、弱気に投げやりになってしまったのです。元気に40年も働き続けてきた体を取り戻せないことが耐えられなかったのでしょう。

「座ること」が目標だったリハビリプランは、暗礁に乗り上げ、しばらくは、Sさんに声をかけるのも難しくなりました。

唯一の話相手はK子さんです。気難しく意固地になってしまったSさんも、K子さんだけには、食事や介護の時などに、愚痴を言いつつも、死地をさまよった戦場体験などをとつとつと語りました。

「戦地から無事帰還できた時に、故郷の満開の桜を見て、初めて生きのびたんだなあと、つくづくうれしさが込みあげてきたもんだよ」と、その時の気持ちを思い出しながらうれしそうに話す義父に、K子さんはいたく心を打たれました。

そこで、K子さんは一つ思いつきました。「この生存の喜びをリハビリに生かせないだろうか」と。

提案してみたら、理学療法士も賛同し、リハビリの目標が漠然とした「座われる」ではなく、具体的な過去の喜びの記憶と結びついた「近くの公園に花見に行く」に変わりました。理学療法士も、「春になったら、幼稚園の隣の公園に花見に行きましょう」と、Sさんの気持ちに同調しました。

K子さんも「お父さん、一緒にお花見に行きましょう。明日からのリハビリは、ゆっくり、好きな音楽かけて楽しくやってもらいましょう」と、つとめて明るく励ましました。

この具体的な目標に目覚めたせいか、それからのSさんは、気力を取り戻し、熱心にリハビリに気概を見せ始めました。リハビリの若い指導者の「いーち、にーい、さーん」との掛け声に合わせて、こわばった手足を動かす運動にも熱心に取り組みます。

それから3か月。

レンゲや菜の花の後の桜が咲き誇る日、幼稚園児の声が聞こえる近くの公園に、Sさんはリクライニング型の車いすで出かけました。

子どもたちの華やいだ声も耳に届き、春風が頬をなでる外の空気に初めて触れました。桜を見上げつつ、Sさんはしばし胸を詰まらせて、「さくらだー。見事だねー。気持ちがいい。ありがとう。ありがとう」と、K子さんと妻の手を握りしめていました。

理学療法士が、桜を背景に妻とK子さんの間でほほ笑むSさんの写真を撮りました。

この時、Sさんは、車椅子に30分程度は座れるようになっていました。

【囲碁】「先生！」と呼ばれるだけで鬱《うつ》が消えた

「俺は100歳まで現役で仕事をする」が口癖のIさん（85歳）は、造船会社の設計者でした。一本気な性格で、仕事熱心、会社の評価や信頼も厚く、80歳まで仕事ができましたが、高齢のため退職勧奨を受け、しぶしぶ退職しました。

やむを得ないこととはいえ、Iさんのひそかな願望はかなえられず、ショックは隠しきれません。

それからの日々は、朝6時に起床しても、毎日何もすることが無くなり、うつうつとボーッとすることが多くなってきました。

生活のめりはりもなくなり、技師として誇りを持って仕事に励んでいた立派な父の面影は、跡形もなくなりました。

食事も、三度三度きちんと食べず、気力がなくなり、高齢者鬱となり、睡眠もままならないため、昼間からキッチンに行ってお酒を飲む日々になりました。

みかねた、同居する娘のMさん（55歳）が、父から少年期に祖母に囲碁を教わっていたと聞かされたことを思い出し、気分転換を図ろうと近所の碁会所に連れて行きました。

しかし、そこでは順番が回って来ない、常連にならなければやらせてもらえない、たまさか、地域の名人と打つことができても歯が立たず、Iさんのプライドはズタズタ。

とうとういやけがさして、行かなくなってしまいました。

それもあってか、ますますお酒の量が増え、アルコール依存症のように日々手放せなくなってきました。温厚な性格も横着で横暴になり、手が付けられない状態です。

悪いことは重なり、今度は、Iさんの妻がベッドに寝たままで、圧迫骨折になり動けなくなりました。

家事をする人がいなくなり、家の中は乱雑で散らかり放題。Mさんは対応しきれず、介護保険の申請を出しました。

結果、朝のトイレが間に合わず、汚れてしまった布団を丸洗いすることが度々だった母がアルツハイマー型認知症の介護4、父は介護1の判定を受けました。

毎日、一升瓶を抱えて酒を飲んでいた父親は、主治医から「酒を飲んでいては、身体は保証できないよ」と言われてしまう始末。

このような状況の父親をどうしたら変えられるか思案している時、Mさんは、近所にデイホームがあり、いい刺激になると聞き、その活用を考えました。

見学に行ったデイホームは、昔の居合道場を改造したもので、広々とした畳の部屋と風呂場が広く快適な環境だったことが、Iさんの気に入り、通ってみることになりました。

しかし、最初、デイでは、やることもなく、ぼんやりと外を見て無気力な日々が続きました。

Iさんは、「デイはつまらない。何のためにあんな所に行くのか」と、ぼやき不満を漏らします。

そんなある日、Mさんは、何とか父の生きがいを作ることが必要だと考えました。それには、やはり昔取ったきねづか、もう一度囲碁を楽しんでもらおう、と考えました。「碁盤や碁石など囲碁道具一式が家にあるので、使ってみてもらえないでしょうか」と、デイの職員に提案してみました。

デイでも利用者の楽しめる娯楽がないかと探していたのと、さらに囲碁好きの職員がいたことから、さっそく広い畳部屋を碁会所のような雰囲気に整えてくれました。

Iさんもしぶしぶデイの他の利用者と打ち始めたところ、ここでは連戦連勝、向かうところ敵なし。Iさんは自信を取り戻してきました。それからは、何と自宅では、定石や棋譜の勉強も始めました。

しばらくすると、噂を聞きつけ、地域のボランティアが、「Iさん、囲碁をやりたいので、教えてもらえませんでしょうか」と、あいさつに来ました。これを契機に、気を好くしたIさんの囲碁指導が始まりました。

「先生！」地域のボランティアは、Iさんをそう呼び、「ここは、どう打ったら良いのでしょうか。教えてください」と、教えを請います。Iさんは、喜んで丁寧に、分かり易くアドバイスをします。

次第に、デイでは、このレクリエーションがここの特色ある事業になってきました。碁盤や碁石も買い増し。掲示板には勝敗図を掲示し、「春の本因坊戦」や「秋の棋聖戦」を開催し、タイトル者にはトロフィーを出すほど力を入れてきました。

こうして、皆に頼られるに従い、Iさんはデイホームでの囲碁が楽しみになり、徐々にお酒におぼれることはなくなりました。

Iさんは、昔の意欲と張り、尊厳を取り戻したのです。職員の方々や参加者に、「ありがとう」「ここは、実に楽しいですね」と、物腰柔らかく感謝の言葉を交わす余裕も回復してきました。

かつての地味な造船技術者のIさんは、今や地域の人々が尊敬する囲碁指導者に様変わり。いきいきと日々を過ごされるようになったのです。

いつのまにか鬱は自然に消え、笑顔の魅力的なかくしゃくとしたIさんが復活しました。以来、パリッとした洋服やしゃれた帽子を喜々として選ぶようになり、迎えのデイのバスを心待ちにし、いそいそと乗り込んでいく毎日です。

［水彩画］絵を描く力は「生きてきた私」の証《あかし》

江差追分が十八番のTさんは、介護1で札幌から娘Mさん（73歳）の住む東京の老人ホームに90歳で入居しました。

それまでは、3歳年上の夫が83歳で他界し、娘は東京で事業経営をしていたため、80歳から一人暮らしでした。

Tさんは、芸事が大好き。長唄や都々逸などはお師匠さんについて学んでいたほど。シャキシャキして、一人でなんでもこなす元気者です。

そんな母親だったので、Mさんは、当初はあまり干渉せずに、東京から見守っていました。その代わり、毎日「お母さん、元気。今日の夕飯は何を食べたの？」「なにか、心配ごとない？」と、安否確認の電話をいれていました。

さらに、月に一度は、飛行機で北海道まで出かけ、季節ごとの布団の取り換えや母親のおしゃべりにつき合う遠距離介護の日々が続きました。

しかし、さすがに80歳の後半になると、電話の応答もどことなく、はっきりしなくなってきました。気になって帰省したある日、玄関で「お母さん。お母さん。帰ったよ」と呼びかけても、応答がありません。

あわてて上がってみると、部屋の片隅でごろ寝をしています。Mさんの問いかけに、Tさんは、「うん。そうか――」などの生返事しか返さず、冴えません。とりとめのない言葉に、「すわっ、認知症になったのか」と、不安におののきました。

案じたことが現実になって来ました。日々の喜びや会話のない年寄りの一人暮らしが、気持ちの伸びやかさを欠き孤独を増幅させたに違いありません。

とにかく楽しい話をしようと、翌日に、森林保全を行う森林組合に勤めていた夫について、道内を転々と転勤して暮らしていた頃の思い出話をしてみました。

「タンチョウヅルの飛行はすごかった」「エゾシカのキョトンとした顔は面白かったね」「ハマナスはきれいだったね」と水をむけると、ようやく笑顔がもどってきました。

さすがに、Mさんは、母親を説得し東京に呼び寄せることを決断しました。

そして、春のある日、小柄で白髪のショートカットに眼鏡をかけたTさんが老人ホームにやって来ました。

老人ホームに入居する際に、Mさんは、「母を明るくしたいので、何でもいいから誘ってください」と要望しました。娘の希望通り、Tさんは、ホームが提供するレクリエーション活動には全て積極的に参加しました。

詩吟をしていたというので、さっそく、先生を呼んで吟詠。ホームの合唱にも参加し、民謡で鍛えたのどを披露。

「来週、水彩画があるので、絵具をそろえますか?」と水を向けると、Tさんは「やったことがないから、ぜひやってみたいです」と興味を示しました。

水彩画教室は、参加者一人ひとりにリンゴをわたし、見るだけではなく触ったりしながら描く手法です。

指導のH先生がTさんのリンゴを描きやすいように向きを直します。

「Tさん、画用紙の中心に、ほぼ五角形を鉛筆で描いてみて、その中にこのリンゴを描きましょう。香りをかいだり、いろいろ触ってからゆっくりね」とアドバイス。

Tさんは、言われた通りに描き、時々「先生、ヘタのところどうするのですか」「消しゴム使っていいですか」と、熱心に取り組んでいます。

その後、隣の人と話もせず、どんどん色を重ね、画面一杯に力強く、生き生きしたリンゴが描き出されました。

「すごい」と、同じテーブルの仲間もはやしたて、「初めてやったというのに、よく描けている」とアシスタントの職員や先生も絶賛。

また、ある日、水彩画教室のテーマは、「山のある風景」です。参加者の皆さんは「えっ、山?」「最近見ない」などとガヤガヤ戸惑い。

ところが、何とTさんは、先生の説明を聞くまでもなく、画用紙の右上に大きな冬山、その嶺に流れる雲をどんどん描き進めます。

「Tさん、下書きをしないで、絵具で描いているよね」と周りの驚きの声。

「Tさん、素晴らしい。上手ですね」と声をかけると、Tさんは「絵なんか勉強したこともない。初めてですよ」と、にっこり。

「これ、どこの山?」「北海道?」いろいろな質問が飛び交い、教室はいつもにもまして大賑わいです。

そんなことの続いたある日、午後11時30分頃、ホームの巡回職員がTさんの部屋を確認のためのぞくと、Tさんがパジャマにガウンを着て、テーブルの上に絵具を置き、山の風景を一心不乱に描いていました。

職員は、ビックリし、「Tさん、もう遅いですから寝た方が良いと思いますよ。寝ましょう」と、声をかけると、「はい、はい」と素直にうなずいたので、ドアを閉めました。

しかし、その後、深夜巡回に歩いた職員が、再度、Tさんの部屋を開けたところ、何と、電気がこうこうとついて、あいかわらずTさんが、水彩画を描いていました。

「Tさんの集中力はすごいですね。部屋に入ったのに気が付きませんよ」と巡回職員。

その後、Tさんの創作意欲はあふれんばかり。自室でどんどん描きため、部屋の壁にいっぱい貼り出してありました。

Tさんの描く絵は、かつて、ご主人と転勤でめぐった土地土地の体験から呼び出されたものに違いありません。頭のなかから自然に生まれるらしく、懐かしき山や山林の風景がたくさん描かれています。

Mさんは、「私が持っていった雪だるまの置物が、しばらくたったら、帽子をかぶせ、手袋とマフラーも着せた絵にしていて、とても驚きました」と、母の新たな才能の開花に感激していました。

Mさんの母想いの気持ちは変わらず、以前のくせで、ホームにも毎日、電話します。

「お母さんどう?何か心配な事ない。何でも言ってよ」

ところが、ある日、Tさんから「ねえ、毎日、電話くれるけど、私は忙しいのよ。用事がなければ電話はいらないよ」とにべもない応答。

「私はお邪魔虫?」と思いつつも日々の楽しさを見つけた母にホッとしたMさんです。どうやら、母の孤独は解消したようです。

いまもTさんのたくさんの山の絵は、10枚も入る大きな額に入れ、故郷の思い出の原風景として、Mさんの部屋に飾られています。

【布アート】麻痺していた手が動き出す「私も満更じゃない」

滑らかな英語で「滑走路○○Rへの着陸を許可します」と、アナウンスをしてみせるOさん(男性・68歳)は、かつて航空管制官でした。

現役の時は、宮崎や長崎で管制業務に携わり、さらにネパールでは飛行場建設の技術支援の仕事もしてきました。

定年後、62歳の時にくも膜下出血で倒れ、高次脳機能障害と高血圧などにより、失語症状は免れたものの左半身が麻痺《まひ》し、車いす生活となってしまいました。

そのため、退院後は、介護4の状態でリハビリ設備のあるH老人ホームに入居しました。

航空機をダイヤ通りに安全に運航できるよう迅速な指示を出す緊張感のある仕事を終え、これからという時に、自らの身体をコントロールできなくなったことに打ちのめされました。

責任感が強く明るく優しい性格は、病気のせいもあり、こだわりが強く何かと人に頼る依存心の強い軟弱でわがままな性癖へと変貌してきました。

Oさんは、左半身麻痺の身体で歩くことも立つこともかなわず「最初は自分がどうなっているかわからず、もどかしかった」ために、事あるごとにホームの介護職員を頼ります。

介護職員は、「片方の手が使えず、自分で洋服の着脱が難しいにもかかわらず、毎日、『朝は紺の洋服、10時は白のジャージ、昼は縞《しま》のセーター』と、1日5~6回も洋服を着替えたいと言うのです」と困惑していました。

さらに、「トイレにも、1日に6~7回も『連れて行ってほしい』と声をかけてきます」と、Oさんの要求を話します。

しかし、職員はこれらの要求をリハビリの良い機会であると捉えて、にこやかに対応してきました。1日5～6回の洋服の着脱は、手を上にあげたり下げたりするので、格好の運動になります。トイレもトイレバーにつかまり立ちし、座るというスクワット姿勢をとることを勧めました。これらは、日々のリハビリを、巧まずしてさぼることなく行っているようなものです。

器具を用いた日々のリハビリも欠かしません。こうした努力もあってか、何とか自力で車いすを動かし、トイレも自分で対応するように変わってきました。

日常の動作がある程度できるようになってくると、少しずつ自信を取り戻し、趣味の時間も楽しめ、人と話をすることができるようになってきます。

その頃、「布アート講座」がスタートしました。

布アートは、布を型紙に合わせてハサミで切り、下絵に貼り付けるもの。布の手触りを感じつつ自分で好きな柄を選びながら、立体感を表現する手法です。

ハサミを使うので、初めはしり込みをしていたOさんもおずおずと参加をしました。

最初は5月の季節感に合わせ、モチーフはタケノコ。タケノコの皮の一枚一枚の布地を選んでいきます。Oさんは、「私は、よく銀座に行って、洋服見ていたから、布選びは得意だよ」と、自信満々です。

1枚目は昔の子どもの七五三のお祝い着で紺と茶の模様、2枚目は女性の和服地の菜の花模様、次は無地の牡丹《ぼたん》色という具合に8枚が次々と決まりました。

次に、いよいよ布地を型紙に合わせて切る作業です。しぶるOさんに、「Oさん、ハサミは持って切れるでしょう。では、左手の役割り、布を押さえますから、自分でしてみましょう」の講師の助言。しかたなく、不自由な左手でおそるおそる布地を押さえます。

「はいよ」と言う合図でサクサクとハサミが動き、思い通りにカットできると、「切れたー。やればできるね」とスタッフから安堵の声が広がります。

やってもらいたいや、自分ではやりたくないという依存心が消えた瞬間です。Oさんにとって、この時から布アートは自分の力が生かせて、みんなから褒められ世間話もできる好きな趣味のひとつになりました。

2年も学んだ時には、「みんなで共同作品を創り上げませんか」とのOさんの提案で、模造紙大の「ポピーの花園」に取り組むことになりました。

そして、10人の受講者の一人ひとりがひと花のポピー（ひなげし）を布で作成し、空色布地で下貼りした模造紙大の厚紙に貼り付けていきます。

それぞれ色の違う花を、1枚の絵に構成していく際には、配色のバランスにこだわりのあるOさんが全体の花の位置を差配しました。

「この色の隣はこの紫の花」「このオレンジの花の隣はこのMさんの赤い花で……」と全体の配置を決めます。

完成した模造紙大の「ポピーの花園」を、ポスターフレームに入れてみんなで見た途端、受講者からは「わーすごい」と歓声と拍手が上がりました。布のつややかさに魅せられたOさんに、さらなる自慢と自信が生まれてきました。

リハビリは、車いすから自立して、自分の力で立つことが目標ですが、単調な動作の繰り返しの中に、こうした様々なレクリエーションが加わり、心のリハビリも行われてきたようです。週3回以上ホームに顔を見せる奥さんは、明るくなってきた夫Oさんに、「歩けるようになったら、ほら、息子が操縦するボーイングが飛んでいる成田空港に行きましょう」と励ましの声を掛けます。

屋上展望デッキから、息子に向けて「『左旋回で180度方向へ飛行してください』と、コールしたい」と、Oさんも意欲的です。

第2章

母に教えられた寄り添う介護

私の母は、戦争未亡人、私と弟を抱え、祖父と二人で、野良仕事に精を出す働き者の典型的な農婦でした。

いつも一人で何でもこなし、前向きで、気丈な性格でした。「私はこうする」と決めると、あまりぶれることはありません。

年をとっても一人で外出、デパートのレストランで食事をし、帰ってくると、庭の草むしり、あるいは大好きな縫い物をするなど休みなく動き回る。自律的な女性でした。

その母が90歳を過ぎたある日、二人で散策をしていた時どんどん遅れだしました。私と同じ歩調で歩けなくなり、とうとう「典子、年寄りなんだから、もう少しゆっくり歩いて・・・」と、訴えたのです。

私は「はっ」と気付き、ゆっくりとした母の歩調に合わせました。膝に水がたまり、痛みが出ることは分かっていたのですが、いささか様子が違います。急激に体力が低下し、老いが進行してきたのです。

こうした予兆を始め、しっかり者の母が徐々に何もできなくなっていく様を見つめるのは、つらいことでした。それは私から遠ざかっていくようで、哀しく寂しさを感じるときでした。

それでも、老年や介護についていろいろ学び、聞いて、少しでも昔の元気な母を取り戻したいと、思わずにはいられませんでした。

多くのご家族を見つめてきた老人ホームの職員は、よく私にこう言います。

「ご家族は、年を取り認知気味でわがままになった親の現状をなかなか受け入れられないものです。でも、あわてずに見つめ、寄り添うことが何よりも大事ですよ」と。

本章では、あたふたしながらも母の介護で実際に私が対応した食べること、入浴のこと、排せつのことなど、介護の暮らし方をまとめました。

介護が始まると、普段の暮らしが壊れてしまうと思いがちですが、それほどでもありません。案ずるより産むがやすしです。介護は、いつもの暮らしと地続きです。

誰でも通る道、ここに書かれていることは特に新しい知見があるわけではなく、よくある話です。ちょっとした工夫と気配りです。「そうだ、そんなこともできるな」と思って、構えずに取り組んでいただける一助になれば幸いです。

1【記録】

排便ケアには秘密の暗号を

私がAホームで、布を使って貼り絵のように絵を作るアクティビティ（趣味活動）の指導を行っているときに、職員が参加されているお年寄りの一人一人に、「Iさん、今日はマルですか？バツですか？」と聞いて回っていました。

Iさんは、すかさず、「マルです」と即答しました。Kさんは、「バツです」と首をすくめています。

「何のことだろう？」と不思議に思いました。改めて、職員に聞くのもはばかられるような感じです。

ひょっとすると、満座の中で聞きにくく、本人も言いづらい、デリケートなことなのかもしれません。

それは毎回です。お年寄りも「マルです」と答える時に、顔の表情が緩みます。

「アッ、そうか。これは、排便の有り無しをお聞きしているのに違いない」と、ひらめきました。

●介護施設の介護士に学ぶ記録の仕方

介護施設では、高齢者の一人一人の生活を介助し、支えるために大勢のスタッフが関わります。そのため、スタッフ間で情報を共有する「記録」が欠かせません。

例えば、入居者の食事が終わると、その日の食事を、どのくらい食べたか記録します。そのため、食事後の食堂では、食器を片付ける職員と記録を取る職員の２人掛りです。お茶の時間は、どのくらい飲んだのかも記録します。これが健康状態を把握する重要な資料となります。

介護記録の種類は、①介護日誌（業務記録）②介護経過記録（ケース記録）③インシデント（ヒヤリ・ハット）報告書　④事故報告書　⑤ご家族との連絡ノート　など様々です。

●デンマークでは市が介助情報を把握

私は、15年前、介護先進国のデンマークに介護事情を視察したことがありました。

デンマークは、九州くらいの面積で、人口が兵庫県とほぼ同じ約５５０万人という小さな国です。

「自己決定」「生活の継続性」「自己能力の活用」の高齢者福祉の3原則を定め、在宅介護が基本です。つまり、「①高齢者の自己決定を尊重し、周りはこれを支える②これまでの生活と断絶せずに暮らす③今ある本人の能力に着目し自立を支援する」を行政サービスとして進めることを宣言しているのです。

そのため、訪問介護が充実しており、1人の高齢者に対し数人の介護職員がチームを組んで自宅を訪問しています。

訪問介護士は、高齢者を訪ねるたびに、ハンディタイプのパソコンに、排せつや入浴、食事といった介助状況を入力していました。

お聞きすると、その記録は、市に送られ、市役所が高齢者一人一人の健康状況を把握し、介助の質を高めることに役立てているとのこと。国がこんなにも国民に寄り添い、最後まで自宅で過ごせるように見守るケアの仕組みができていることに大変驚きました。

現在、日本の65歳以上の親との子の同居率は約50%ですが、デンマークでは非常に低く6%程度。独居高齢者の増加しつつある日本でも、早晩取り組む施策になるかもしれません。

●ケアに役立つプチ情報ノート

在宅介護で、家族とよりよい時間を過ごすために介護の記録（介護ノート）をつけておくことをお勧めします。

小さい手帳やA5ファイリングノート形式などの用紙をあちらこちらに置いて、何でも書き込めるようにしておくと便利です。

トイレのリズムや食事、睡眠の状況など日記を書くように気軽に書き留めておきます。

いつ頃から何度の熱だったとか、排せつはいつまで自立的にできていたかなどは、あとあと大変重要な情報となります。医者に行くときやケアマネージャーに話をするときも、この記録が役に立ちます。

2 【身だしなみ】

服をひとりで着られない、母との紡《つむ》ぎ直し

母が100歳になった頃、私は、ベッドに座り母の着替えを手伝っていました。「ブラウスのボタンは大きいから、自分で入れて」と、私が言うと、母は「よくわかんない」と、手伝ってくれるのを待っています。自分一人でボタンを穴に通すことができなくなったのです。

母も戸惑っているような浮かない顔です。手は胸の前で泳いでいます。洋服のボタンすら自分ではめることができない姿を見て、私はがく然としました。

思い余って、懇意のファッションの専門家に相談してみました。

「もっと大きなボタンにしたらいいんじゃないの。今は象や花の形のボタン、あるいは香り付きのボタンなどカラフルなものがたくさん売っている時代よ。お母さんの興味を引き付けるようなものに取り換えてみたらいいと思う。子どもには全部つけ直して、面白くしたんじゃないの。子育て時代のように、すればいいのに」と、アドバイスされま

した。

母がボタンもはめられなくなったということに気が動転し、視野が狭くなっていたのです。言われてみて「そうか、ボタンがはめられないぐらいで驚くことはない」と気を取り直し、気分転換を図ることにしました。

ちょうど、デパートのフランス展に出店中のボタン店で、カラフルなボタンを見ることができました。

目の保養をしたせいか、気持ちにゆとりが生まれ、ようやくボタンの一つ一つを楽しみながら、娘に洋服を着せていた子育て時代を思い出しました。

いわば、母と私の関係は、忙しかった若き日々のコミュニケーション不足の紡ぎなおしです。

母の気持ちを大切に思いながら、一緒に丁寧にボタンをはめていきました。

母の手は働き者の手、私の手よりずっと大きく太いことに今更ながら気が付きました。

お年寄りに似合うカラフルなボタンや色鮮やかな靴下など、今風の思い切った色や形のものを探すのも介護を暗くしないコツですね。

●うがいが分からない、母の日常動作の低下

認知症の傾向が見えてくると、日常の習慣的な動作がおぼつかなくなってくることに気がつきます。以下が100歳の母の変化です。

①その日の気温に合わせて、洋服を選ぶことができない　②洋服のコーディネートが難しい　③洋服の前後の判断が難しい　④頭からかぶり着る肌着を着られない　⑤ズボンや下着の上げ下ろしができない　⑥靴をはいてもホックを留めることができない　⑦洋服を畳むことがむずかしくなる　⑧ひもやリボンを結べない　⑨うがいをすることが分からない　⑩お金の計算が分からなくなる　⑪電源やスイッチなどが分からない　⑫食事の内容や食べたことも忘れる

●手助けは笑顔でやんわりと直す

母が洋服の前後を間違えて着替えた時には、笑いを交え、やんわりと手直しします。

「アラ、チョッと変ね。これじゃ窮屈ね」

「すみませーん。チョッとやり直しね」と。

母は、間違いに気付いていません。

それでも、「できないの」とか「分からないの？」との否定的な言葉は禁物でした。笑って話しかけながら、「半分できたらもうけものぐらいでいいじゃない」と、ゆとりを持って接するようにしました。

●服は2着を見せて、どちらかをチョイスしてもらうのがコツ

洋服の選択などは、多くの中から選ぶのは難しくなります。

私が2着を選び、どちらかを選んでもらうなり、選んだ洋服を示し、「マル」か「バツ」かで選んでもらうように、単純にしました。

色調の基本は、青系かベージュ系の2色を示し、選んだ方に合わせて、ズボンやセーターの色を選び揃えていくとスムーズにいきました。

自己判断や自己決定を大切にし、最後まで母の主体性を尊重しながらイライラや急ぐのはご法度、忍耐強くつき合うように心掛けました。

ズボンの前後が分かるボタン付けの秘密

母は、老人ホームに入居するまで、毎日、デイサービスに通っていました。9時にデイサービスの車が迎えに来きます。ところが、ズボンやシャツを着せてあげて、車に乗せるのがスムーズにいきません。

迎車には何人ものお年寄りが乗り込んで待っています。運転手は、あたふたしている我が家に困惑気味。

母のズボンを広げて中に付いてるタグ（ウールなどの表記の記載の布）を探し前後を判断します。気がせいているのでもたつきます。

母は、ベッドに座ったまま所在なげ。

それらを見ていた義妹が、「お姉さん、ズボンの前にリボンやボタンでもつけておくと一目でわかるから便利よ」と一言。

「そうか」と気付き、さっそく、ボタンをつけてみました。

翌日の朝、ズボンを広げて、前後はどちらかと迷うこともなく、手に取ったら一目で前・後が分かるので、とても便利になりました。

この母のズボンの前後の印は、デイサービスの方からも「入浴後の着衣に大変助かりました」と、ほめられました。

お知恵拝借、三人寄れば文殊の知恵です。

便利よりもなじんだ肌着選びが気持ちよさのもと

ボタンがはめられなくなる少し前の冬、昔から着ていた厚手のふわふわした母の肌着を買いに行きました。

この時に、店員から「お年寄り向けに、ボタンではなくマジックテープ付きというのがありますが…」と、言われ、さっそく、買い求めました。

その日の夜、入浴後、母に肌着のマジックテープを重ねるように説明。

「これはね、上と下を合わせると貼り付くマジックテープで、ボタンと同じなの、やってみて」とうながしました。しかし、なかなかうまくいきません。

重ねればよいだけなのに、手をかぶせて押すということが理解できないようです。

「母の日常生活には、なじみがないんだ」と思いいたりました。

これは認知機能の低下が招く日常の不具合な行動で、医学的には「失行《しっこう》」というそうです。脳の運動野の障害により、普段はやり慣れているはずのことができなくなることです。できるできないには個人差があり、どんなことができなくなるかは人それぞれです。

おしゃれ80歳、赤いピアスが元気の秘訣

Tさん（80歳）は、転倒から骨折し、認知症が進み介護3で車いす使用になり、U有料老人ホームに入居されて1年がたちました。

一人娘が週1回ホームを訪問しています。しかし、ホームになじめない母親に「もっと楽しく暮らしてくれるといいんですが」と、案じていました。

Tさんは専業主婦で、社交性に乏しい生活だったようです。担当のケアマネージャーも、「まじめで律義、地味に生活してこられた方なのでしょう。皆さんに迷惑をかけたく

ないという思いも強く、打ち解け方が分からないようです」と見ていました。

そのため、入居後は、終日、「面倒くさい」と言って、食事以外はご自分の部屋から一歩も外に出ません。

朝食後の「なぞなぞクイズ」や「漢字クイズ」などにTさんを誘っても、「結構です。面倒くさいですから」と、参加することはありません。

午後の「みんなで体操」や「絵手紙」、「習字」、「水彩画」などのレクリエーションにも同様です。目の前の活動に興味を示す様子がありません。

1年がたった頃、ホームでは、専門の講師を招いて「お化粧セミナー」を開催することになりました。

このセミナーに、入居者の方17人がレストランに集まりました。

まず、髪をターバンで抑え、化粧水をコットンにつけ、顔に押さえるように塗っていくことから始めます。

その都度、講師からは「はい、鏡を見ましょう」と、自分の顔を何回も見ることを促されます。次に、薄くファンデーションを塗ることを学びます。パウダーをはたき、最後に、「いよいよ仕上げです。頰紅をさしましょう」と指示され、頰に紅をさすと、それぞれの方の顔が明るく白く、瞳が生き生きと輝いてきます。

この女心をワクワクさせる「お化粧セミナー」に、Tさんを誘いました。

引っ込み思案のTさんも1回目の皆さんの楽しくウキウキと若返った様子を夕飯のレストランで見かけ、心をいたく動かされたようです。

2回目からおずおずと参加してきました。

「面倒くさい」と、物憂く動かさなかった手も鏡に届きます。最初は講師の方に塗っていただいていた化粧水も何回か重ねるうちに、少しずつ手が動き、鏡に映る若々しくなっていく自分の顔ににこやかに笑顔を返し、積極性が生まれてきました。

職員は、「何歳になっても、女性は美しくありたいものなんですね！」と、セミナーの効果に感心しきりでした。

さらに、驚くことにTさんは、これをキッカケに、訪問医師にお願いして耳に「ピアスの穴」をあけてもらいました。

「もう80歳過ぎだけれど、これからはピアスでおしゃれを楽しみたい」と、実に積極的になり、暮らしに彩りを取り戻しました。

それ以来、「水彩画」も「合唱」も「書道」も、声を掛ければ必ず参加されるようになり、お部屋にこもることがなくなりました。

この変化に、娘さんは「本当に嬉しい。何か吹っ切れたみたい」と、ホームの取り組みに感謝していました。本来、Tさんの心の底に美を求める気持ちがあったのかも知れません。「認知症なんて嘘みたい」と、職員の方々も、思いがけない効果に驚いていました。

●若々しさを保つ化粧療法

化粧によって、日常生活の動作（ADL）や生活の質（QOL）の維持・向上を目指したケアを化粧療法（メイクセラピー）といいます。

必ずしも確立した治療法とはなっていませんが、若々しくありたいという人間の潜在的欲求に基づくものとなっています。

おしゃれは、第三者を意識します。元気を生み出す秘訣《ひけつ》です。女性ばかりでなく男性の精神にも良い影響を与えるといわれています。

真っ赤なマニキュアもいきいき介護の一つ

D有料老人ホームでは、S子さんが「叔母さんが待っているから帰る。私が行くの楽しみにしているから。約束だもの」と、ホーム職員と押し問答をしています。なんとかなだめすかして、食堂やお部屋に連れ戻す毎日です。

S子さん（85歳）は、認知症の介護3でここに入居しました。

当初は、元気で明るく前向きに何でもする方でしたが、1年たつと認知症が進み、いつも「帰りたい。叔母さんに会いたい」が、口癖となりました。

目を離すと勝手に外へ出ようとします。ホーム職員は、つきっきりで対応せざるを得ません。

ある日、こうしたやり取りを目にとめ、何かお手伝いができないかと、このホームで音楽活動を指導している講師が、S子さんに声を掛けました。

「S子さん、S子さん、手がとてもきれいね。もう少しきれいにしてみましょうか？」

S子さんは「先生、よくわかるね。そりゃ、昔はもっときれいだったのよ。なにしろ、子どもたちの給食を作る仕事をしていたの。だからさ、手はいつも洗っていたからな。

褒められていたんだわ」と、得意げにニコニコ顔になりました。

そこで、リラックスしていただこうと爪にマニキュアを施してあげることにしました。

「今日は間に合わせだから、ここに座って……」と、ベンチに腰かけてもらい、その横に並んで座りました。

「まずは、手のマッサージからね」と、ハンドクリームを出して、指の1本1本を下から上にマッサージし、さらに手のひら全体を広げ、包み込むように柔らかくもんであげました。つぎに、ホームにあったありあわせの薄いピンクのマニキュアを丁寧に塗ってあげました。

すると、S子さんは「すごーいきれい。先生、上手だね。何でもできるじゃん。私はやったことがないわ」と、つやつやする指先を見つめ嬉しそう。

「私はね。料理はうまいのよ。でもこんなのは、できないよ。手先がきれいで、見ていると気持ちいいねえ」と、落ち着きを取り戻したようです。

S子さんは、高ぶっていた気持ちが収まってくると、もはや叔母さんの家に行くことなど忘れ去っていました。

ホームでは、このネイルケアが入居者の気持ちを安らかにさせる効果があると考え、毎月2回、「手のケアデイサロン」を開催することが決まりました。

ホームの女性職員が、日ごろから自分自身でやっていることを入居者に施すというものです。

ネイルをしていた方には、リムーバーで爪をきれいにし、その後、手の指から始まり、全体を軽くマッサージします。爪が伸びている方については、本人の了解を得て、爪を切り、ヤスリで整えます。このように爪を健康に保つことが1回目。

2回目は、簡単なハンドマッサージの後に、好きなマニキュアの色を選んでもらい、爪に塗ります。爪は、甘皮から1ミリ離したところまで塗ってでき上がり。慣れない方は、小指だけという方も。

回を重ねていくうちに、入居者の中には「ぼんやりしている時に、自分のきれいな爪を見ているの。なかなかいいもんよ」と喜ぶ方もでてきました。

なかでもKさんは積極的です。

「ねえ、ド派手にしてよ。赤いのがいいの。赤い指先を毎日何百回と見るでしょ、だから、元気になるのよ。もう、90歳過ぎよ。好きな色で好きにできて、幸せ!」

職員は、手ごたえを評価しています。

「ネイルは、なるべく明るい色をお勧めして、皆で楽しんでいます。ハンドマッサージの時は心を開いてくださって、信頼感が生まれました。スキンシップって大切ですね」

●指先を見つめ会話が弾む

高齢者は、おしゃれが大好きです。認知症でも同じです。今までマニキュアなどしたことがなかった方も、密かにやってみたいと思っています。サロンでは、介護者と入居者の対面しながら交わす何気ない会話も効果的なようでした。ご家族にとってもマニュキアの指先を見つめながらの会話は新鮮で、話題作りに好評です。

3 【入浴】

娘と入る温泉が１００歳自慢で世間とつながる

デイサービスを利用している当時、母の介護プランでは週3日の入浴が予定されていました。

しかし、職員が「シゲさん、お風呂いかがですか」と声掛けをしても、毎回、入浴拒否です。

「足を洗いませんか」などと違う言い方で誘ってみても、効果がありません。

多分、「眠い」「恥ずかしい」「赤の他人に裸を見せられない」その他もろもろの感情が交錯していたのでしょう。

１００歳までいつも一人で入浴していました。赤の他人に身体を洗ってもらった経験のない身には、言葉にしにくい不信感や不安感が大きかったのかもしれません。

孫娘の「お風呂に入ってくれると、皆が喜ぶよ」と書いたメモを見せると、時々は入浴したのですが、必ずしも入るとは限りませんでした。

そこで、気分転換を図ろうと、母の家から車で40分の静かな山間にある温泉に誘いました。2月の日曜日、母に「お母さん、温泉に行く?」と声を掛けたところ、即座に「行きたいなあー」と、うれしげです。

温泉は、母が幼少期を過ごした場所に近いせいか、「こっちの道のほうが早い。あそこを曲がるといい」などと、うきうきとわずらわしいくらいの道案内です。

温泉に到着すると、脱衣所で洋服を脱ぎ、タオルを受け取り、湯船に向かうという一連の動作も素早くこなします。

いつもは、「やってもらえる」という他人任せのせいか、ゆっくりです。しかし、この日ばかりは楽しいという気分のために、全て自ら率先して行い、別人のようです。

掛け湯をして、体重も減り、軽くなった母を抱きかかえるようにして、二人で湯船に入りました。

湯船で少し身体を放すと、母はしっかりと立って、時にはしゃがみ、首まで湯につかりながら、「いい湯だねー」とくつろぎの一声。

洗い場で母の背を流していると、隣にいる人達が母に、「何歳ですか」と聞いてきました。すると、母は、すかさず「101歳」と得意げ。

「すごいですね。娘さんと二人で、お元気でうらやましい」と感嘆されて、にこにこ顔になりました。

10分もすると、身も心ものびのびして、身体がピンク色になったので、のぼせてはいけないと、上がることにしました。

併設のレストランでは、久しぶりに2人で焼き肉をつつき、母の好物のアイスクリームも楽しみました。

この日は、いつもせかせかしている日常を忘れ、母にも優しくなった一日で、温泉帰りには梅の花も見ることができ、気分も楽になりました。

●入浴にかわる清拭《せいしき》

入浴が困難な場合に、温かいお湯で体を拭いてあげることを清拭といいます。

私は、母がデイで入浴しなかった日には清拭をしました。2つのバケツにお風呂のお湯を汲み、ビニールを敷いたベッド脇に置きました。

母にはベッドに腰かけてもらい、むくんだ足をお湯で温め、マッサージをしました。

さらに、温めたタオルで首や背中も保温し、あわせてお尻や股間などもふき、身体を暖かくしてからそのままベッドで横になってもらっていました。

娘のケアには、「ありがとう」と安心して身体も気持ちもゆだねてくれました。

「三味線を聴かせて」と入浴を誘う

「あのよー、昔、料理屋の賄い婦になる前よ。家が美容院だったから、私は貸衣装を担当して、何人もの花嫁さんの着付けをしてあげたのよ」

少し耳が遠いY子さんは92歳、I老人ホームに入所してほぼ1年。背が高く、色白で、昔は小料理屋をやっていて盛んだったと自慢顔。おしゃれで三味線の腕もなかなかの方です。

しかし、入居後、認知症が進み「知らないところに連れてこられちゃった。ここは家じゃないよ」が口癖です。

しかも、入所当初から、入浴拒否が続き、しかたなく清拭でしのいでいました。やがてそれも限界に近づき、髪もくしが通らず、身体の匂いが強くなり周囲が困りはてていました。

1年がたったころ、介護士でユニットリーダーのMさんは、Y子さんの妹に聞いた三味線の趣味を思い出しました。

試しに「Y子さん、三味線を弾けると聞いたので持ってきました。少し、聞かせてくれるとうれしいけど・・・」と、三味線を渡してみました。すると、「はいよ」と手に取って、「炭坑節」の一節を見事に弾いてくれました。

そこですかさず、「うまい。うまい。今日はY子さんの三味線を聞けてうれしかったけれど、手を使ったので、きれいにしたいね・・・」と言いつつ、手を引いて、温かくしておいたお風呂場の脱衣所へ連れて行きました。

お風呂場では、まず、温かいお湯で手を洗う。ついで、バスタオルを敷いたいすに腰かけてもらい靴下を脱がせ、足を桶に入れ、手で丁寧に足を温めました。

その後に、お風呂の暖かい湯気の中、「ズボンが濡れてしまったので、シャワーだけでもどうですか」とうながし、順次、衣服を脱がせていきつつ、お湯を使い、「暖かいタオルで、お顔をふきますね」と言って、顔をふきました。

さらに「脇の下もきれいにしたいですね。ここは、リンパが通っていて、きれいにしておくの大切みたいですよ」と言いつつ、脇の下を洗います。最後に、身体全体にタオルをかけ、その上からお湯をかけて温まってもらいました。

「さあ、きれいになったので、下着を取り替えましょう」と、何とか、この日はゆっくりシャワーを浴びてもらうことに成功しました。

入浴後のY子さんは、しっとりとした髪にピンクの頬、洋服も洗い立てでスッキリとまとまり、見違えるよう。

気持ちが良かったらしく、にこやかに「お風呂は温かい。気持ちがいいよ」と、皆に吹聴し、以来入浴を心待ちにするようになりました。

●親しい人による誘導

Mさんに認知症の方の入浴拒否にどのように取り組むのかをお聞きしました。

「認知症の方に強制的に入浴をさせても本人はリラックスを感じるどころか、嫌悪感もたらし、かえって逆効果になってしまいます。

回りくどいようですが、職員は、本人に信頼と信愛を感じてもらうように寄り添い、安心できる人間だと感じてもらう必要があります。

そうなれば、やがてその人の言うことが、自分にとって心休まるということが分かるようになり、入浴につながります。ひとたび温かい湯につかりくつろげることが分かると、以後、入浴が好きになります」

宅老所では身内も同じ、お風呂も一緒

宅老所Mを利用しているA子さん（88歳・介護4）は、物忘れがひどく、何回も同じ話を繰り返し、こだわりも強い認知症の方です。

孫が彼女の面倒を見ています。ここを利用しに来た時は、何年もお風呂に入らないという状態で困っている様子でした。

髪の毛も長く、ほどけず、「お風呂に入りましょう。きれいになると気持ちいいですよ」などとうながしても見向きもしません。

介護施設で経験を積んだ後、きめ細かい介護を目指して、この宅老所を1人で立ち上げ運営するのはKさん。

「昔なら、洋服をわざと濡らして、濡れてしまったから、お風呂に入って暖まりましょうと、無理やり洋服を脱がせてお風呂に入ってもらったこともありました。しかし、今はもう、そういうやり方は許されません」

A子さんをお預かりしてから、Kさんは、なんとかお風呂に入ってもらおうと思案を巡らせました。

しかし、A子さんは、案の定いつも通り。

「私はいつも東京の美容院に行って、かつらを作るので、その時に髪も切るからいいの。風呂はいいんです」

再三、うながしても同じ言葉を繰り返すばかりです。

ある日、「A子さんは家族の一員だ。一緒に入浴しよう」と思い付きました。

Kさんは、裸になって、風呂場で待ち構えることにしました。

スタッフのCさんに、A子さんを風呂場に誘導してもらいます。

「A子さん、A子さん。Kさんが裸で待っているの。まあ、足だけでも付き合ってあげてよ」

A子さんを脱衣所に連れて来て、風呂場の戸を開け、湯気で満たし、洋服を脱がせます。

風呂場に足を入れてもらうと、ザッザッと足元にお湯を流して、すばやく一緒にお風呂に入りました。

「家族だから一緒に入るのはあたりまえ」がKさんの信念です。

A子さんは、湯船に沈むと「極楽、極楽、いい湯だね」とまんざらでもありません。

ついでに長い髪の毛もシャワーで洗い流すこともできました。

さらに、「昔は耳より下のボブでした」という話を聞いていたので、ぼさぼさの髪の毛を思い切って短くカット。前髪も切りそろえ、清潔で若々しい髪形にしてさしあげました。

A子さんに、鏡を見せると、「あーら、前髪が短くて、可愛い。さっぱりしたぁー」と、風呂上がりのつややかな肌で、「ふっふっ」と自分の顔をしげしげと見入っています。

一件落着、これで、お風呂に気持ちよく入るようになったかというと、さにあらず。

その後も「東京の美容院に行くから」といつもの口癖で、入浴を断ったり、かと思うと素直に入ったりと、まちまちです。

「最初のとても気持ちが良かったことなんて、覚えてないのかしらね」と、Kさんはため息をつきますが、うまく入浴をすることもあるのでめげません。何しろ家族なんですから。

狭い宅老所は、今日も秋の日差しが降り注いで、利用者とはなごやかな裸の付き合いです。

●ショートステイに便利

宅老所は個人やNPO法人など民間が福祉サービスを提供するアットホームな施設です。特別養護老人ホームなどの大規模な施設ではなく、少人数の高齢者に向きあうことができます。

宅老所Mの場合、部屋は6畳と8畳の2間にキッチンとお風呂。玄関は狭く、ごく普通の家ですから、介護保険を使わなくても利用できます。泊りもできるため、在宅介護をしている家族が、ショートステイとして使うことが多いようです。

預かれるのは2～3人。スタッフと一緒に食事も風呂も対応しています。

少人数で家族のような雰囲気なので、散歩やお茶を楽しみ、おしゃべりをしてくつろいだ日常を過ごします。

4【患い】

「つまらない」は聞こえない母の、難聴の訴え

母は、90歳くらいの時に左耳がまったく聞こえないと訴え、それ以来、右耳のために何回も補聴器を作り直していました。

眼鏡屋に併設の補聴器店で右耳を計測し、ジェルを耳の中に入れ、形をとり、補聴器を作りました。

補聴器は、作ったらそれで完璧、一生ものとはいきません。たびたび電池が切れる、耳に合わなくなる、微妙な音量調整が必要となるなどメンテナンスが欠かせない繊細な介護機器です。

認知傾向が強くなってくるとなおさら、聴力に応じた微細な調整が必要にもなってきます。

母が100歳に近くなってくると、右耳もほぼ聞こえなくなってきて、私が筆談で補なうことも度重なりました。

会話もめっきりへり、聞き取りにくいのか「えー？」「何？」とか、会話が長続きしません。笑顔を見せることもまれになって来ました。

１００歳になったある日、いとこの家のお彼岸の集まりに連れて行きました。会食もすみ、ひとしきり談笑の中、いとこたちが、母に問いかけます。

「叔母さん。叔母さん。今日の料理の味はどうだった？」

母は、よく聞き取れないために、「分かんない。どうだかよ」と、あいまいな相づちを打つばかり。

いとこたちは「典ちゃん、なんか対応を考えないと叔母さんは認知症になって、会話もできなく、駄目になっちゃうよ」と脅します。沈んだ気持ちで、いとこの家を後にしました。

翌日、藁にもすがる気持ちで、母を大病院の耳鼻科に連れて行きました。

担当は若い医師。「では念のため、聞こえない左耳も検査をしてみましょう」と診察。

母は個室に入り、先生の「音を鳴らすので、聞こえたら右手を挙げてください」との説明をうけ、信号音に耳を傾けていました。

「１００歳だから仕方がない」

期待もせずに、結果を待っていました。

すると、何と、「右耳はもう無理です。しかし、左耳が微妙な振動に動くように思います。ぜひとも、左耳の補聴器を作ることをお勧めします」と先生の意外な助言です。

びっくりすると同時に、うれしくなってきました。

病院からの帰り際、母の左耳元に口を寄せ大きな声で「お母さん、左耳が聞こえるんだって。補聴器を作りましょうね。聞こえた方が楽しいからね」と言うと、母もニッコリ笑顔になりました。

いつもぶすっとして「つまんない」という口癖は、実は聞こえないことからくる反応だったようです。

その後は、左耳に補聴器をつけて、調節するという仕事が母の日課に加わりました。聞こえることがどれほどうれしかったことか、にこやかな母の笑顔がよみがえってきました。

●ゆっくり大きめの声で話しかける

加齢に伴い生じる難聴を老人性難聴といいます。

高い音を中心に聞きとりにくくなるとともに、言葉が理解しにくくなる傾向が出てきます。

発生率は、加齢により高くなり、80歳以上で80％になるといわれています。

どのように聞こえるのかを追体験したことがあります。ちょうど耳栓をしたような状態で、重苦しく「ワオ――ン」とくぐもった音が聞こえ、言葉の意味がよく聞き取れませんでした。

これでは、テレビやラジオも面白くなく、家族や友達との会話も理解がしにくく、楽しむどころではありません。不機嫌に引きこもってしまいがちになるだろうなあと思いました。

難聴者の方によると、会話をする際に　①できるだけ顔を見て正面から話す　②ゆっくり話す　③一つ一つを短く言う　④普通より少し大きめの声で話す　⑤近づいて話す、などを意識してほしいと言っていました。

子どもたちへのボランティアで服装はこざっぱり変わる

「Hさんは、もう2か月も同じズボンをはいているようだけれど、変じゃない。レストランで食事をする時もパジャマなの。場所柄も気にせず、私たちともあまりお話もしないし、無愛想で気になるわ」

Dケアハウスに住むSさんから、施設長に、同じフロアに居住するHさんのちょっぴり不自然な服装や振る舞いについて、いささか心配である旨の訴えがありました。

Dケアハウスには、要支援1程度の比較的自律して生活できる高齢者が50人、風呂付きの個室に暮らしています。

Hさん（75歳）は、会社を定年退職後、妻が亡くなって、ここに入居しました。一人娘は、父親が元気にしていると思っているせいか、顔を見せることはありません。

確かに、彼の服装は、夏が半袖、冬は長袖のTシャツ、ズボンはよれよれのジャージと、いつも同じものを着ています。

入浴もあまりしていないようで清潔感に乏しく、他の居住者からも「今日も茶色の同じ服。いつになったら着替えるのかしら」「洗濯をしているのかしらね」と、ひそひそ噂になっていました。

彼は、朝食が終わるとレストランでいつも新聞を読み、その後はどこかに出かけるでもなく日がな一日レストランか部屋にいて何もしていません。外をボーと見ていることも多い毎日なので、施設長も気にかけていました。

ここに暮らす女性たちは、活発な方々が多く、朝食が終わると、治療のための病院通いや買い物、音楽会、映画館へと、三々五々出掛けて行きます。

それに比べると、彼は特段趣味に興じることもなく、あるいはホームの人たちとお話をするでもなく、いつも一人ぼっち。

施設長は、日常生活が無頓着になっているため、高齢者うつにでもなりはしないかと、案じていました。

そこで、地域の人と触れ合い、暮らしに変化をつける機会を設けてみたらどうかと、彼に近くの児童館のボランティア活動を勧めてみました。

すると、Hさんは「子どものためならやってみよう」と乗り気になり、毎日、午後の3時間、児童館に通うことになりました。

Hさんの仕事は、子どもたちが玄関で脱ぎ散らかした靴の整理と帰る際にランドセルやカバン、手提げ袋などを、忘れたり間違えたりしないようにまとめておくことです。

1週間後、施設長が児童館に伺うと、玄関を入ったすぐ脇にHさんがいて、子どもたちが来るたびに、「こんにちは。元気かい」「ひさしぶり」と一人一人に、にこやかに声掛けをしています。

子どもたちも「やあ、おじさん。こんにちは」「○○ちゃんは来ている?」とはきはきと返事をしています。

さらに、Hさんのズボンは、なんとよれよれのジャージから軽やかな感じのコーデュロイのズボンに変わっていました。

子どもたちからも「おじさん、おしゃれ!」と口々に言われ、照れくさそうな顔つき。帰り際、子どもたちからの「おじさん。またね」「また、明日ね」との別れの言葉に、「おう、さようなら、またな」と無口はどこへやら、愛想のいい好々爺ぶりです。

人との触れ合い、とりわけ今回のような少年少女との交感が、無気力から脱出する良いきっかけになったようでした。

ささやかであっても人の役に立つことが、老いの日常に目的をもたらし、今まで無頓着であった服装にも気を遣うようになりました。毎日、張り切って出かける様子に、高齢者うつの心配もなくなりました。

●高齢者うつにならないために

高齢者うつにならないためには、つぎのようなことに留意すると良いといわれています。

①地域のボランティア活動や趣味の集まりに参加する　②日光を浴びながら散歩など適度な運動を心掛ける　③心配ごとは一人で悩まず、ほかの人に相談してみる　④ビタミンやミネラルが豊富なバランスの良い食事を摂る　⑤大いに笑う

5【食事】

「飲みたくない」口癖は、水分補給の難しさ

老人ホームに入所した母は「水分摂取」が毎日の課題。ホームの職員が、頻繁に言葉

を掛けます。

でも、母の口癖は「いらない」と、とりつく島もありません。担当職員はがっかりです。

たまには、「ありがとう。水はおいしいねえ！」とでも言ってくれるといいのですが、頑なです。

水もお茶もココアも蜂蜜オレンジもいろいろ作って、「お母さん、飲んで…」と言ってもなかなかその気になりません。

ある日は、介護職員が付きっ切りでスプーンに1匙ずつ、時間をかけて飲ませてくれた時には、頭が下がる思いでした。

子どもなら何とかごまかしつつ飲んでもらうことも可能ですが、「本当に年寄りって厄介、聞き分けのない」と、腹立たしくなったものです。

ある日、確かに「普通の水は美味しくない」そう考え、高級志向の母に合わせ「千疋屋」のジュースを持って行きました。

車いすでうとうとしている母に、「お母さん。千疋屋のジュースですよ！」と、千疋屋というところを強調して、ストローを差し出しました。

すると、なんと、さすがに千疋屋。母は大きく目を開けて、手でストローを持って、「おいしい、旨いね！」とごくごく飲み干したのです。

「そうか、千疋屋なら飲むのか、なんとぜいたくな。味のない水には、目もくれなかったのに」と、一瞬思いましたが、多分、舌にまろやかに伝わる味に心が和んだに違いありません。

何事も一つひとつの丁寧さが、相手の心を満たすのだと忙しさにかまける日々を反省しました。それにしても、年をとっても人間は「好物にまさるものなし」なのでしょう。いかに記憶が衰えようとも美味しさという舌の感覚は、衰え知らずです。両親の昔好きだった味を是非思い出しましょう。

●脱水症状や便秘を防ぐために

人間は寝ていても毎日1000ミリリットルの水分が失われているといわれています。しかし、認知症傾向の方は、のどの渇きを感じないようです。

脳出血で倒れて要介護5のコラムニスト・神足《こうたり》裕司《ゆうじ》さんも「猛暑に水を飲むって大変なこと」とご自分の水分補給の重労働なことをコラムで書いています。

要介護者や高齢者には意識的に水分を摂取してもらわないと、脱水症状や便秘を引き起こし、さらに命にもかかわるということを、母の介護を通して、改めて肝に銘じました。

●嫌いな牛乳にはジャムを混ぜて

あるホームのホーム長に水分補給のコツを聞きました。

彼女は「この仕事は、まずお年寄りの好みを知ることから始まるの。知らないと何もできないのよ」と強調します。

「まず初めに、ご入居者のご家族にお母さんは昔、どのようなものを食べ、何を飲んでいましたか、お聞きします」

「例えば、カルピスのように乳酸菌入りの飲み物が好きか、味のない水が良いか、しょっぱい昆布茶のようなものが好きかなどです」

「あるご家族が、牛乳を飲ませてほしいというのですが、実は、お母さんは牛乳が大嫌いなの。だから、牛乳にジャムを入れて飲んでいただいていました」と、取り組みを披歴してくれました。

●「好物ノート」で好きなものを探す

老人ホームでは、まず、好きなものを1口か2口飲んだらそれが引き金になり、水分補給が進んだ例がたくさんあるとのことでした。

あきらめずに、好きなものを探すのがコツです。元気なうちから細かな日々のメモをまとめて「好物ノート」を作っておくと役立ちます。

私は、母の介護をするようになって初めて、母の好物が「ウナギ」と知り、ビックリしました。介護が始まってから書いた好物ノートも、後で読み返すと母の記録として思い出がよみがえります。

お茶もジュースも組み合わせ次第

ホームに入所して、ほぼ1年近くたった時、母の水分補給が少ないとの悩みを聞いて、母が昔から可愛がっていたいとこが吸い飲みを持ってきてくれました。

「伯母さん。ジュース飲もうか。おいしいジュースを持ってきたよ！」

そう言って、吸い飲みの1つに桃を、2つめにはイチゴ、3つめにブドウ、4つめに蜂蜜水、5つめに麦茶と順次入れました。

「伯母さん、どれがいい。まず、桃が甘いから飲んでみようか」と、順番に母の口に吸い飲みをあてがって、飲ませてくれました。

2口もジュースを吸えば飽きてしまう状態だったので、次を用意しておいて、次々に飲ませてくれました。お陰さまで母は様々な水分を気分よく飲めていました。

いとこは、在宅介護8年のベテラン。相手の心の動き、身体の状態に合わせて、飲むのも食べるのも組み合わせて提供してくれます。介護のコツがわかっているのです。

改めて「愛は根気強さ」が第一と悟らされました。

●みそ汁も水分

水分補給はなにも水やお茶だけとは限りません。みそ汁やスープ類も有効です。とくに、朝ご飯は、海苔《のり》とみそ汁の世代にとって、飲まされている感をなくすのに効果的です。

元気な頃の母は、よく一人で外出し、レストランで専らコーンスープを注文していました。私や孫娘と3人で外出するときもコーンスープを「おいしい、おいしい」と飲んでいました。このため、介護中の母への手土産は、必ずテイクアウトのコーンスープ。

押しつけにならないよう、日常の生活習慣の中で慣れ親しんだものを摂取できるようにすることが何よりです。

マイ茶碗ににっこり

102歳で老人ホームに入居してからの母は、得意だった縫い物もできなくなり、日々うとうととしている状態が多くなりました。

食事は、手にちょうど持てるお茶碗《ちゃわん》で、箸を上手に使い1口ずつ丁寧にゆっくり食べていました。

しかし、その食事中にもしばしば寝てしまうことから、「おかゆにしてみましょう」とホームから提案がありました。

ある日の夕食、おかゆが黒い大きなどんぶりにいっぱいに出されました。とても持てません。器の黒さも気になりました。

小さい、いつものお茶碗をお借りしても、箸が進まず、量の増えたおかゆに母は何か言いたそうでしたが、黙っていました。

職員の「手に持てる大きさがいいわね」という指摘。さっそく、翌日、デパートの食器売り場で小さい朱塗りのお茶碗と木製の大きめのスプーンを買い求めました。

「お母さん、赤い朱塗りのお茶碗よ。丸くて持ちやすいからこれで食べてみて・・・」と勧めると、お茶碗を手に持ち、お箸でしっかりと食べるように変わりました。

「買ってきてくれたの」と、チョッと笑顔になって目に意欲が見えました。

小さいお茶碗でも、すぐ食べきれ、何回でもお代わりができるように、ご飯を少なくよそうようにしました。

スプーンは、ちょうど口に合う大きさがなく、結局使いませんでした。それよりも、慣れ親しんだ箸、それを上手に使い、魚の小骨もしっかり取る姿は、力強いと感じました。

朱塗りのお茶碗は、軽くて手に持ちやすく、母の気分を和らげ、気に入ったようです。

持参した好物の海苔のつくだ煮にも満足し、食が進みました。

●食器類は気にいったものを使いたい

食欲は盛り付けをする器でも変わります。お気に入りの箸やお茶碗、湯飲みなどがあるとそれだけでも食が進む場合があります。

屋台の仕掛けで食欲増進

「今日は、居酒屋を楽しむ日です」

K老人ホームでは、スタッフがレストランの中に次々に居酒屋を造りあげます。トタン板で屋根をふき、廃材で壁を造り、裸電球をぶら下げ、壁にはミツウロコのチラシや石原裕次郎の映画ポスターを貼り、ガード下を演出。レトロな焼き鳥屋やおでん屋の屋台が4～5軒も出現しました。

流れる音楽は昭和歌謡。少しハイテンポで入居者の気分をかきたてます。

レストランに入るとそこは盛り場。職員からメニューを渡されると皆さんウキウキ。

この日は、ビールも解禁です。

このホームに暮らすSさんは85歳の女性。元気な時は活発な暮らしぶりでしたが、圧迫骨折になり、介護4。以前は、買いものに都内から鎌倉まで一人で出かけて暮らしを楽しんでいましたが、今は、そうもいかなくなりました。黙って、部屋にこもることが多くなり、溌剌《はつらつ》さを失ってきていました。

その彼女も今日ばかりは、屋台の前に座ると職員に、「焼き鳥はムネがいい」「おにぎりも・・・」といろいろ注文。

「そうそう、主人が好きな枝豆もね」と忘れていません。

普段、ソフト食に近い食事にもかかわらず、この日は、おにぎりや焼き鳥、ソーセージドッグなどを食べ、以前の張り切りSさんに戻っていました。

昔懐かしい屋台の夕食は、食べること以上に、懐かしく、レトロな雰囲気が心に潤いをもたらし、生きている幸せを感じたようでした。

●季節の行事食の効果

高齢者にとって、元旦や節分、ひな祭り、お花見、お盆など季節の節目の行事は、家族がそろい華やぎをもたらすものとして、子どもの頃以上に重要な催しになっています。

そのため、老人ホームでは行事食には、ことのほか工夫を凝らしています。とくに、行事を思い出すことは、回想療法にも通じると、積極的に取り組んでいるようです。

「お昼ですよ」赤いテーブルクロスのサイン

Tホームは、開設4年目を迎え、認知症の方々が増え、食事を食べたか、食べないかなどの認識が育たないというのが、職員会議で度々話題になりました。

その中で、食事をしたのが分からなくなるというよりも、暮らし方にメリハリがなく、漫然としているからではないかという次のような指摘がありました。

「外に出る機会も少ないのでお腹が空かない。朝起きたら何をするのか自分では分からない。洋服も着せてもらう。顔を洗うのも手伝ってもらう」

そこで、女性職員のYさんが「私、テーブルクロスなら作れるから、作ってみましょう」と提案。食卓に彩りを取り入れ、変化をつけることになりました。

ねらいは暮らしのめりはりです。

朝は白、昼は赤のギンガムチェック、夜は静かに深い緑色に決まり、クリスマスの日から使うことにしました。

朝だけは、スタッフが白いテーブルクロスを掛けます。昼と夜は、入居者にお願いすることにしました。

当日の朝、食卓はいつもの雰囲気と違い白いテーブルクロスが掛けてあります。

「あら、今日はなんときれいですね」という賛嘆の声。

そこでスタッフが、「ちょっとおしゃれに暮らしたいから、テーブルクロスを作ったので、これを取り替えるのは皆さんに、お願いしたい」と提案し、お昼のギンガムチェックを依頼しました。

この日の夜は、クリスマスのキャンドルも用意してのディナーになりました。

そして、2週間。毎日、かいがいしくテーブルクロスを掛け替える入居者の皆さん、食事も楽しく忘れることも少なくなりました。

「あら、もうお昼よ。テーブルクロスを、赤に変えましょう」とOさんのはりきった声。

職員のYさんは、「食べる事は、味とは限らないわね」と、手応えを語っていました。

●食卓の色どり

書店に並ぶ様々な料理本・レシピ集を見ると、メニューとともにその食卓のカラフルなテーブルクロスにも目を奪われます。さぞかし、その料理がおいしいに違いないと感じさせられます。

１００円ショップのランチョンマットにも面白いものがあり、思わず購入してみることもあります。

欠食も好物の漬物一つでお箸がすすむ

介護４になった穏やかなＳさん（87歳）は、レストランに座ると、出された食事のトレーを前の席の方に差し出します。

「どうぞ、どうぞ。私は食べませんから、あなたが召し上がってください」と、自分では食べようとしません。

そうした日が続き、職員もほとほと困っていました。

好き嫌いが激しくなって来たようです。

「見た目がきれいでないと駄目かしら？」

職員は、いり卵を作り、ご飯にきれいに載せて出してみましたが、駄目でした。

若い時は、ダンスに興じ、活発で明るい人柄でしたが、最近は静かです。歩行器を使用し、声をかければ体操やレクリエーションにも参加し、意志はきちんと持っているのですが、食べないのです。

ある日、娘さんに介護士が「お母さんは何が好物でしたか？」と、尋ねました。

「お漬物でご飯を食べていたかしら?キュウリかしらね？」と、首をかしげています。

さっそく、「キュウリの漬物は足が早いけれど、今日食べてしまえば・・・」と、薄く切って、きれいに並べて出してみました。

この日は、介護士が隣に座りました。

「ねえねえ、今日は特別においしいキュウリのおしんこなんですよ。お好きでしたか?」

「お嬢様からお好きって、聞きましたけど・・・」と、促します。

「うん」といって箸を持ち、口に運び、ポリポリ食べながら、「あらまあ、誰が漬けたの。良い漬け具合だね」と、ご飯と一緒に食べ進め、その日の夕食は完食しました。

「何が好物か、分からないけれど、良かった」と、介護士はほっと胸をなでおろしました。

●本人の嗜好を見極めよう

たとえ栄養バランスを考慮した食事でも、本人の口に合わなければ効果を発揮できません。長年培ってきた本人の嗜好《しこう》を見極め、食べなれた食材や好みのメニューをいくつ用意できるかがコツです。

「沈黙は禁！」会話の〝ふりかけ〟に食欲が湧く

自力では食べられないために、他人に食べさせてもらうとは、いったいどのような感じでしょうか。

私は、かつて、介護学習で、他人に食べさせてもらう機会がありました。ほんの少しですが、デザートのチョコレートプリンです。

2人が向かい合わせに座り、私は同じ研修生の女性から小さいスプーンで1口ずつ、プリンを口に入れていただくことになりました。

「さあ、プリンを食べましょう」と言われ、口を開けるのですが、「赤の他人に口の中を見られるのは嫌だなあ」と、少し恥ずかしく、照れくさい感じです。

たかがプリンなのですが、どのくらいの分量が自分の口に入るのかが想像できません。スプーンが口に運ばれる前に、「多かったら口からはみ出してみっともないしなあ」などと、余計な雑念が入ります。

いよいよ、口に入れていただきましたが、おいしさを感じるどころか、まったく味がしません。スプーンの硬さやつるつる感が舌に残り、プリンを味わうことができません。自分の食べたいタイミングと相手の方が口に入れてくださるタイミングが、うまくかみ合わないのです。

他人が口に物を入れるということは、こんなにもおいしいものをまずくさせるのだと実感しました。

その後、鼻をつまみ、目も見えなくしての実食では、臭覚と視覚が奪われたため、なおさらおいしさを味わうどころではなくなりました。

私はこの経験から、食事介助の際の言葉の掛け方を学びました。

なによりも「今日の食事は魚の煮つけです。おかずはホウレン草のあえ物です。何から食べますか・・・」など、相手の好みをお聞きすることです。

私のように主のおかずから食べて早く満足したいという人もいます。おかずの好みも人さまざまです。

「食べさせてもらう」ことが、「快適である」「安心である」「楽である」ような介助を心がけたいものです。

●安全で上手な食べさせ方のトラの巻

老人ホームの介護職の方に、安全で快適な食べさせ方についてお聞きしました。
① 高齢者がしっかりと覚醒しているときに介助する ② 介助者は高齢者と同じ目線で介助する ③ 本人に何を食べるのか話しかけながらゆっくり介助する ④ 小さなスプーン1杯分（20ミリリットル）が食べやすい1口分の分量。あまり多いと食べにくい ⑤ 高齢者のあごは引き気味にスプーンを運ぶ。あごをあげると、間違えて食べ物が気管に入りむせやすくなる ⑥ 口の中にある食べ物を飲み込まないう

ちに、次の食べ物を運ばない。誤嚥《ごえん》やのどのつまりを引き起こす恐れがある　⑦口の中の食べ物をきれいに飲み込むことができるように主食と副食、水分を交互に食べてもらう

おふくろの味は介護食の強い味方

Aさんは、兄妹たちと協力して介護5の寝たきりの母親（96歳）を在宅で介護している男性です。

彼の母親は農家の人。働き者の体は、がっしりとしています。目が不自由で、耳もきちんと聞こえませんが、顔はツヤツヤとして血色がよくきれいで、とても介護5とは思えません。

当初は介護ヘルパーに食事作りをお願いしていましたが、母親の口に合わなかったようで、体重が減少してきました。

そこで、子どもの頃に母親から食事作りを教わっていたAさんの弟Bさんが、昔を思

い出して食事を作ることになりました。

私よりも顔色の良い彼女の様子に、何か秘訣があるのかと思い、Bさんにそのコツを伺いました。

「特にないけれど、言ってみればミキサー食なんだよ。母は、歯がなくても野菜などは、歯ぐきを使い食べている。それで、かめるほどの柔らかさにして、野菜そのものの食感を味わえるようにしたんだ。とろみは、トレハロースなどの糖分は使わず、山芋を使い、食べやすく工夫している」と、介護食の作り方を明かしてくれました。

食事作りは、毎日では大変なので、まとめて、1週間分くらいを作り、1日ごとに小袋に入れ、冷凍庫に保存しておきます。

使う時は、その都度、温めて、お皿に盛り出しています。

おみそ汁のお豆腐や卵の黄身は、普通の大きさで、好物の鮪《まぐろ》の刺身は、そのまま醤油《しょうゆ》をつけて食べるというものでミキサーにはかけません。

ペースト状の食事というと、いろいろ混ぜ合わせるので茶色のドロッとしたもので、味も何も分からないというのと違い、見た目は「これは人参の煮物ね」と分かります。

昔、食べた人参の味がするのでしょうか、よく食べています。懸命に田畑を耕してきた母親には、野菜は土の香りなのでしょう。

母親に味の感想は聞けませんが、残さず食べていて、体重は回復し、色つやも戻ってきました。

介護は、する者もされる者も共有してきた時代を様々なことで思い出すものです。その際たるものが、舌の記憶、おふくろの味かもしれません。

●様々な優しい介護食

①きざみ食　歯が欠けていたり、咀嚼《そしゃく》する力が弱い方のために、普通食を食べやすい大きさにきざんだ食事です。ミキサー食などに比べもとの食材の原型があるため見た目が悪くなく食欲の低下を防いでくれます。

②ソフト食　歯ぐきや舌でつぶれるぐらいに柔らかくした食事です。豆腐ほどの柔らかさです。しっかりと食べ物の形があり見た目もきれいでおいしそうであることが欠かせません。

③ミキサー食　飲み込みが困難な方に、かまなくてもいいようにミキサーにかけて、ペースト状にした食事です。ミキサー食では、形が残らず何を食べているの

か分からなくなるので、型抜きなどを使って魚や野菜の形を作り、彩りにも注意が必要です。

6【排せつ】

スッキリ気分は便秘解消が第一

デイホームに通っていたある朝、母は、少し不機嫌、ブスッとした顔で迎えの車に乗り込みました。

ホームでは、いつもは拒絶する入浴を一度の声掛けでスムーズに従い、気持ちよく温まりました。

昼食を完食した後、仲間の皆さんがお昼寝している時間に、突然「トイレに行きたい」と言い出しました。

あわてて、職員が付き添っての排便は、3日分もでました。あまりにも多くて、パンツを汚しましたが、本人は「気持ちが良かった」と笑顔がよみがえりました。お昼寝も行い、午後のペットボトル体操では元気を回復し、隣の人に声もかけて張り切っていました。朝の不機嫌さはどこへやら吹き飛んでいました。

●排便を記録する

健常者でも便秘はつらいものです。まして、高齢者にとっては体調の一番重要なバロメーターになります。

朝、排便がきちんとあって、スタートできると、その日は心地よく過ごすことができます。高齢者施設では、排便や排せつの状況をこまめに記録しています。

認知症の方の中には、自分の便秘状況をうまく訴えられない場合があるので、不機嫌になったりします。記録などをもとに、周りが察知することも良い介護につながると思いました。

●水分補給が排便をスムーズにする

排便をスムーズにするには、水分摂取が欠かせません。朝起きた時と夜寝る前にコップ1杯の水を飲むようにすると良いといわれます。

しかし、友人は、「母は、夜はトイレに起きたくないから嫌と言って拒むのよ」と困っていました。人それぞれの長年の習慣もありますから、無理強いはできません。

それよりも、水分の項目でも述べましたが、本人の好みのものを用意すると自ら進んで飲むようになるかもしれません。

●おへそのあたりをマッサージ

リハビリのプロに便秘を改善する方法を教えてもらいました。介護する方がおへそのあたりを手のひらで、時計回りに「の」の字を書くようにマッサージする方法です。

親子でも体を触るのはなかなか難しいという方も、スキンシップと思えば手は自然に動きます。

オムツよりリハビリパンツを使う「尊厳」

母は、「自分のことは自分でする」が信念の昔かたぎの気丈な人でした。最晩年まで、つかまり棒につかまってトイレに立つ母の手の力の入れ具合、握る強さに「絶対にオムツの世話にならない」という強い意志を感じました。

しかし、年とともに次第に足元がおぼつかなくなってきました。動きたくても動けないもどかしさ、悔しさが強く伝わってきました。

私は、母の尊厳を大切にしたいと思い、最後まで、オムツではなく、少なくともリハビリパンツで対応したいと考えていました。

最後は、老人ホームにお世話になりましたが、介護の方々にもこのことはお伝えしてきました。そのため、母がオムツを使用したのは、体調が思わしくなくなった最後の最後です。

職員の方から「体調が悪く、きちんとふききれないので、オムツにさせていただいてよろしいでしょうか」という申し出を受け、承諾しました。

排せつ処理の問題は、だれにとっても最重要課題です。人としての恥じらいの部分を誰にゆだねるかというデリケートな問題です。どんなに社会的に活躍した方も、プライド高く意気軒高な方でも、最後に突き当たる究極の「恥じらい」です。

友人たちと集まれば、「弱ったからといって、子どもたちの世話にはなりたくないわね」というのがお決まりですが、結局この排せつや入浴は、最後には家族や介護者にゆだねざるを得ないものです。

94歳の義母は、腰痛持ちの要介護4で老人ホームにお世話なっています。自力歩行は困難で常時車いすですが、数か月前に左前足をくじき、トイレでつかまり立ちをしての排便ができなくなりました。

そのため、リハビリパンツから常時オムツ着用になってしまいました。看護師さんからは、「排せつは、オムツにしてくださいね」と言われ、オムツの中にせざるを得なくなりました。

意識がはっきりしているだけに、オムツの中に排便し、そのままで寝ている苦痛と屈辱感は耐えがたかったようです。息子に「早く死にたい」と訴えてくるのですが、いかんともしがたく、私も慰めの言葉もなくただ「かわいそう」としか言えませんでした。

そのため、とうとう便秘状態になり、看護師に摘便《てきべん》（便を手でかきだしてもらうこと）

をしてもらわざるを得なくなりました。

しかし、看護師や介護士が一生懸命に気弱で心配性の義母を励ました結果、足の痛みに耐えながらも何とかトイレでつかまり立ちをするようになりました。

オムツからリハビリパンツに戻った義母はトイレに立つことができ、苦痛にゆがんでいた顔は穏やかになり、息子も少しほっとして、「頑張ろう！」と声掛けをしています。

どのような人にも最後まである尊厳、プライドを守る必要があります。私自身「自分はどのように……」と突きつけられた課題でもあります。

●パンツは肌触りが大切

素材が布ではないリハビリパンツやオムツは、本人にとって、「快適」なのか「不愉快」なのかの判別が、なかなか難しいと思います。単純にお尻が大きいからLサイズとはいきません。

町から無料で支給された母のリハビリパンツは股上がうまく合わず、孫が買ってきてくれたものの方が小さく機能的で気分もよさそうでした。同じLでもメーカーによって寸法はまちまち、専門家でも選び方は難しいとのことでした。

はく時に鼠径部《そけいぶ》やお尻のラインに沿わせ、身体にフィットさせることがコツです。自分がはいてみて、ガサガサ動くようでは嫌ですものね。経験上、肌触りこそが何より最重要です。

どれがよいかは、ご家族が一度試着してみることをお勧めします。

家のトイレ環境は手すり次第

母が転びやすくなって来た時に、家のトイレの入り口に縦のつかまり棒と中には用をたすときに持てる横の棒、立つための縦のつかまり棒を取り付け、トイレ環境を整えました。

これらの補助具で、長期間1人で用をたすことができました。

介護用品は、その家、その場に合ったものがたくさんあります。専門のレンタル会社に問い合わせると様々な相談にのってくれます。

●トイレの排せつ介助

①トイレの場所まで障害物を取り除く　②便座に座るまで見守る　③介助者は、排せつ中、ドアを少しだけ開き外に出て待機する　④排せつが終わったら声をかけてもらう　⑤清拭や身づくろいを手伝う

介護状況は、一人一人違うので、介護される方にどうすることが気持ちよいことかよくお聞きしながら進めます。

排せつをラクに介助するヒント

母は、ある時期から、トイレで排便した後トイレットペーパーを手でちぎるものの、どうふくのか分からず、うまく使えなくなりました。

女性は、小さい時に「前から後ろにペーパーを動かしてふく」と教わった方もあると思います。しかし、こうした簡単なことさえできなくなってきたのです。

いよいよ、家族による本格的な排せつ介助が始まりました。

●後始末には陰洗ボトルを使う

大便の場合、元気なうちはウオシュレットを使いましたが、その後は、陰洗ボトル（ペットボトルで作る）を2本用意し、そばに置いておきました。

用が済んだらまず、ぬれタオルかぬれたやわらかいペーパーでふきます。しかし、認知機能が衰えてくると、お尻の締り具体もきちんとしないのでしょう。ふいても汚れが付いていることがあるようになりました。

そんなときは、前の方で足を少し開いてもらい、トイレに座ったままボトルから水を出して洗うという方法をとりました。

この時の水は少し温かくしておきました。「お母さん、お水で、冷たいけれど、気持ちよいからね」と声をかけておきます。不安が無くなります。

ある日のこと、急いでいて、何も言わずに冷たい水で処置したら「冷たい。ひゃこいじゃんか」と、叱られてしまいました。

いつもしているからいいかと思いがちですが、毎回が新しいこととして対処することが必要であると学びました。

ポータブルトイレをベッドサイドにが肝要

100歳の時、母はトイレで滑って転び、ついに夜はポータブルトイレを使用することになりました。

昼間は、誰か身近に居る者でサポートができます。食事やおやつの前後には、必ず声掛けをし、用足しを促していました。

しかし、就寝後はそうはいきません。

そこで、ポータブルトイレを夜のみ使用することにしました。

母の居室は和室で、ベッドを置いていました。そのため、ベッドの下にゴザを敷き、母がベッドから降りる所の左側に、青い消臭用シート（ペットなどに使うもの）を敷き、その上にポータブルトイレを置きました。

夜間は、ベッド脇のポータブルトイレが見える場所に布団を敷き、私か姪が交代で寝ました。

そして、夜中に母が排せつのため、布団を蹴上げたり物音がしたら、起きてトイレ介助を行いました。

時には、昼間の疲れで寝込み気付くのが遅れ、母がポータブルトイレの便座の上で、こっくりこっくり居眠りをしているのを見付け、あわてたこともありました。

●使い捨て手袋や消臭剤も欠かせない

ポータブルトイレは、両肘付きでお丸にはふたが付いてます。排せつが済んだら便や尿を1回で、洗い流すことにしていました。介護は清潔が肝要です。

ふく紙はロールペーパー。そのほかに、介助者用の使い捨て手袋、ぬれタオル、大判濡れティシュ、室内の消臭剤などの用品をそろえました。

これに合わせ、いくつかのサポート用品を借りて設置しました。まず、ベッドの脇にベッドから降りる時につかまれるしっかりした鉄の手すり。ポータブルトイレの周囲にもL型の手すりを付けました。

ゴミ箱をトイレ代わりにさせない認知症ケアの工夫

「今日は、ゴミ箱がトイレになってしまいました」

グループホームの朝礼直後、職員のSさんは、穏やかな顔にちょっと苦虫をかみつぶしたような表情で報告しました。

入所者の認知症のTさんが、ゴミ箱をトイレと勘違いして排便してしまったのです。

「もう部屋のカーテンも外し、隠れて排便できるようなところはないんですがね」

以前は、カーテンの陰に隠れての排便でした。ゴミ箱を掃除しながら、Sさんはどうしたら Tさんが、トイレで排便してくれるようになるか知恵を絞っています。

Tさんは、アルツハイマー型認知症で3年前に入所しました。

当時は、まだしっかりとしていて、「娘が私のことを馬鹿になったと言うのよ。確かに、いろいろ忘れているようなの……」と、不安を漏らしていました。

グループホームは、9人の認知症の方々が住まう共同住宅です。部屋は個室ですが、サロンの広間に集まり、みんなで共に助け合って暮らす仕組みです。

朝食と夕食は施設が用意しますが、昼食は住んでいる皆さんがメニューを決め、近くのスーパーマーケットに買い出しに行き、自ら調理して食べます。和気あいあい家族的で、穏やかな環境が認知症の進行を遅らせるといわれます。

Sさんは、「そうだ、ゴミ箱の代わりにポータブルトイレを置いてみます」

それから先は、Tさんとの知恵比べ、根気も大切な介護力です。

●弄便は認知症の症状の一つ

弄便《ろうべん》とは、認知症の高齢者が便を手で触ったり、衣服を汚したり、トイレの場所が分からなかったりして部屋の隅で排便してしまう行為です。

弄は「もてあそぶ」という字をあてますが、本人は決して、「もてあそんでいる」わけではなく、認知機能の低下から便を「もてあまし」、困惑している状態なのです。

私は、Tさんが町で元気に活躍していた頃を良く知っていました。ショートヘアーの色白で、背が高く、文学好きの読書家でした。大変理知的で、言葉使いも優しく穏やかな姿が印象的でした。

その彼女の認知症が進み、弄便の症状を示していると聞かされ、大変ショックでした。

日記には「あんなに知性的で頭の良い人でも、排せつ場所が分からなくなることがあるのだ。まったく別人。信じられない」と、困惑を記入しました。

その後、再び落ち着いて平常心を取り戻したTさんに会った時、認知症は様々に変化していくと再認識し、一面的な理解でショックを受けたことを恥じ入りました。

●便意は感じます

当然、認知症でも便意はあります。しかし、排便はトイレでしなければならないとの認識が低下していたり、トイレの場所が分からなかったりして、違う場所で排便してしまうことになります。

排便が終わると今度は、その便を何とかしようとします。手についた場合は、不快ですから壁や衣服にこすりつけて拭こうとして、汚してしまいます。

このように、弄便は「快」「不快」の感覚や場所や物に対する認知機能の低下から起こります。

●叱るのは禁物

弄便を発見しても、叱ってはいけません。認知症の人はなぜ叱られているかが分かりません。次からはやらないようにしようとの判断にもなりません。かえって、介護者に対する恐怖心や不信感をつのらせるといわれています。

弄便行為を見つけたら、「手が汚れているから、きれいにしようね」などと優しく声をかけてみると、素直な顔に戻ります。

●ウエットティッシュを用意する

①トイレの場所が分からない＝トイレを「便所」と表記するなど分かりやすくする

ある老人ホームでは大きな字で昔なじんだ「厠《かわや》」と書いてありました

②手指の便の汚れ＝自分で手をきれいにできるように、タオルやウエットティッシュを近くに用意しておく

③周囲が便で汚れる＝ビニールや防水シートで保護する

④オムツに手が入る＝腹巻のような腹帯でガードする

⑤失禁による不快感が原因で弄便に至った場合＝排せつパターンを把握し、なるべくトイレで排せつができるように介助する

●楽しい感覚を養い、便から意識をそらす

認知症は、次第に感覚機能が低下してきます。弄便はその麻痺から起こります。できるだけ、不快と感じることをなくし改善すること、楽しいことを体験するなどの感覚機能を磨くことが欠かせません。

このグループホームでは、芸術家を招いての遊び（アクティビティ）をたくさん実施していました。

ある日は、ダンスパフォーマンスを行いました。部屋いっぱいの大きさのクラゲのような白くて軽いふわふわのビニールを天井に浮かせます。

その下でTさんも大勢の仲間の人たちと一緒に、パフォーマーの奏でる音楽と掛け声で走り、踊る「クラゲ体奏」に興じていました。

この時のTさんは、少女に戻って、大はしゃぎ。終了後には、「面白かった」と、息を弾ませていました。

第3章

介護の暮らしを彩《いろど》る楽しい時間づくり

「介護は、楽しい時間です」と言ったら、「何をバカな」と反論が飛んでくると思いますが、少し見方を変えてみてはいかがでしょう。

私は高齢者施設に出向き、趣味活動を提供していますが、一心不乱に作品作りにいそしむ高齢者の皆さんに毎回感心させられます。

その固定観念にとらわれることのないユニークさは、「太陽の塔」をデザインし「芸術は爆発だ!」と標榜《ひょうぼう》した洋画家・岡本太郎にも匹敵します。私自身の先入観が揺さぶられます。

作品作りはもとより、皆さんが見せる笑顔と喜び、そして「面白かったよ。ありがとう」の言葉こそ、私の活力源です。

介護は長期戦です。介護される方は、ままならない体にうつうつとし、世話をする方は、「人の言うことに耳を貸さないな」「わがままで頑固だ」といらだつことがあるかもしれません。

そうした折に、「今日も楽しかったよ」と心を通わせる時間が作れるならば、ストレス解消と気分転換が図れ、疲れも飛んでいくことでしょう。

令和2年は未曾有《みぞう》のコロナ禍。介護現場では外部講師やボランティアも来館できず、とくにご家族との面会もオンラインという状況に、ご入居者の心のバランスが崩れ、イライラがつのり、少しのことでいさかいが生まれているとお聞きしました。

ある朝の出来事です。

仲が良いOさん（80歳代・女性）と、Mさん（80歳代・女性）が、言い争いを始めました。

MさんがOさんに、「今日は音楽があるといいね」と、にこやかに問いかけたのです。ところが、Oさんは、「うるさい。あなたはうるさいのよ」と、大きな声で怒鳴り返したのです。Mさんはおびえてしまいました。

周りもビックリ。Oさんに訳を伺うと、「だって、このところ、毎日、コロナで音楽なんかやらないのをMさんも分かっているくせに。腹立たしい」と、イライラした様子です。

「飛沫《ひまつ》感染ですからと言っても、なかなか理解されません。お年寄りにとって、楽しみは生きるための力なのに。早く歌を歌い、水彩画教室なども始めたい」

介護士は、嘆くことしきりです。

本章では、私が高齢者施設で実践した生きるよすがになるような趣味活動の中から、楽しい時間の作り方をまとめました。

ご家庭でも手軽にできます。介護生活に潤いと笑顔をもたらす一助に、自分なりにアレンジして一度試してみてください。きっと、お役に立つはずです。

1 ［音読］物語にいざなわれる懐かしき記憶

私の実践している音読は、読書から遠ざかりがちな高齢者にもう一度、物語世界の面白さ、ワクワク感を味わってもらうための呼び水です。

音読に適している本は、1時間くらいで読むことができて、悲しみや喜びのドラマのあるものが好評です。

図書館の児童書のコーナーには、声に出して読む本が豊富にそろっていますので、そこで選ぶと良いでしょう。

私は、児童向けの古事記や今昔《こんじゃく》物語、御伽草子《おとぎぞうし》、宮沢賢治、新美南吉《にいみなんきち》の童話などを選んで、音読を実施してきました。

ご家庭で行う場合は、肉親の本棚を探して、昔の本を引っ張り出してみましょう。そこには、若かりし母や父の意外な一面を垣間見ることができて、共感の世界が広がります。

エピソード1

母と読む『きつね三吉』

私の母は、尋常小学校卒業で、娘時代は農作業に忙しく、特別読書好きだったわけではありませんでした。

それでも、子どもの時には、雑誌『少女の友』や吉屋信子の少女小説『花物語』を読んでいたと聞かされたことがありますから、大正ロマン・昭和モダンの息吹は受けていたのでしょう。

戦後の物のない時代にも、幼少の私が寝る前には『赤ずきんちゃん』や『ねむりひめ』などの絵本を読んでくれていたかすかな記憶があります。

そんな思い出もあって、母の介護が始まると、なんとか気分を和らげようと、若かりし母をしのび、食事の前のひととき、物語を一緒に読むことにしました。

本は、狐が鍛冶屋の娘の婿になるという佐藤さとるの童話『きつね三吉』です。読み終わった時、「そうだね、昔は、こうした狐が人を化かすという話がたくさんあったね。実家のお寺の住職からも、狐にまつわる話を聞いたよ」と、しみじみ実家の思い出にふけるくつろいだ母。心が通い合いうれしくなりました。

エピソード2
みんなで読む『祇王《ぎおう》』

Tデイホームで、午後2時から音読を行いました。80歳から100歳までの14人が参加。

この日の本は、劇作家・木下順二の絵巻平家物語の中から『祇王』を選びました。平安末期、平清盛《たいらのきよもり》のかこいものの白拍子《しらびょうし》(今様《いまよう》という歌を歌い、舞を舞う女性)の祇王が、仏《ほとけ》という若い白拍子に心移りした清盛に捨てられて、尼になってしまうという切ない話です。

認知症のため、普段は落ち着きがなく動き回るAさんは、どんどん読み進み、参加者の皆さんが追いつけません。「少し、ゆっくりにね」との声掛けをするほど熱心でした。

「きっと、若い時は、国語が大好きだったに違いない」と、仲間の皆さん。

話の区切りのいいところで一息入れ、それまでの展開について、参加者同士、自分の暮しと比較しての感想などのおしゃべりをしてもらいました。

話題はもっぱら白拍子。

「昔は、女性の扱いが、ひどかったね」

「邪険にされたのに、また、清盛のところに行くなんて、私はしないわ」

「祇王の母親も娘に働かせて何とも思わず、娘にどうかしろなんて言うのおかしいよね」

「今の女性は、泣き寝入りはしないよ」と、わいわいがやがや。向かい合わせに座った人の話に頷き、笑い、にぎやかでした。

最後まで読み終わって、ちょうど、1時間。

「久しぶりに本を読んだよ。有り難いことだね」と、『祇王』はなかなか好評でした。

みんなと一緒に大きな声を出して1冊の本を読むことで、話題が広がり、仲間意識が醸し出されなごやかな時間をすごしました。

《ケアのポイント》

声に出して本を読むことで、自分の声を耳で聞き、仲間や家族とその内容を話し合うことができると、自分を取り戻すことができるでしょう。自己表現の一つともなります。

嚥下《えんげ》機能の向上や唾液を出す効果も生まれるといわれます。1つの作品を読み切ることで、充実感や達成感が生まれる要素もあります。

2 【合唱】上手な声に引っ張られて変身

大正・昭和前期に小学校に通っていた高齢者にとって、『唱歌』や「ゆりかごのうた」「あわて床屋」「あの町この町」「俵はごろごろ」などの『童謡』は、故郷や過ぎ去った無垢な子どもの頃をしのばせる共通の懐メロです。

誰でもすぐに口ずさむことができて、瞬時に童心がよみがえります。

私は、これに、「とんがり帽子」や「東京キッド」といった抒情性に富んだ昭和歌謡を加えて合唱曲を構成しています。

こうした昔懐かしい歌を歌うことは、認知症の方への効果的アプローチとしての心理療法のひとつ回想法にも通じ効果的です。

ピアノ伴奏に合わせて、好きな歌を歌うことで、ぬぐい切れない孤独感を一瞬でも紛らわせ、仲間との一体感を味わえるのが醍醐味となっています。

ご家庭でも、母や父の好きな歌を一緒に歌えば、榎本健一が歌った「私の青空」の歌詞、「狭いながらも楽しい我が家／愛の灯影のさすところ／恋しい家こそ／私の青空」さながらに、優しい心が通い合うことでしょう。

時には、父母の青春時代に思いをはせて見ましょう。きっと、今と違う風景が見えてくるに違いありません。

エピソード1

意外に美声？「とんがり帽子」

〽卯の花のにおう垣根に／ほととぎす早もき鳴きて・・・・・・
一段と高い女性の歌声が響き、この声に合わせるように、大勢の少し低めの勢いのある声が唱和します。

最後のフレーズ「早苗植えわたす／夏は来ぬ〜〜」と、初夏の田園に風が渡るように伸びやかな歌声となって終わります。

「よく声がそろったね」

「大きな声の発声練習が効果を出したのかもしれない」

「やっぱり唱歌はいいわね」と、皆さん余韻に浸り、満足感が漂います。

ここZサービス付き高齢者住宅に住んでいる20人の高齢者の声が4階のサロンに響くのは、月2回、月曜日の午後。地域の女性講師にピアノ伴奏と歌の指導をお願いしての合唱倶楽部《くらぶ》です。

なかでも際立って澄んだソプラノの声は、細身で背が高くショートカットの合唱団員の経験のある83歳の女性Tさん。

入居は3年前。看病していた夫の死後、胃潰瘍で入院手術した後、高齢者住宅に入居しました。子育て中も合唱団を辞めずに歌い続けてきましたが、ご主人の脳梗塞の時に、きっぱり歌うのをやめてしまいました。

「話もできず、歌も歌えない主人との日々は本当に苦しく、毎日、むなしくて、胃が痛くて、歌えなくなってしまいました」

「でも、ここに入居して、再び新しい歌仲間とめぐり逢い、歌うことを再開して癒されています」

この合唱倶楽部の練習に、いつも一番前の席に座るEさんは、若い時の日本舞踊の舞台写真を見せてくれる小柄で細身の95歳。斜視で左目が見えず、最近は耳も遠く、認知症の傾向もありますが、歌うことに一生懸命。

「Tさんの高い声があるから、それに合わせて歌えば、大丈夫でしょ。歌は大好き」と、節くれだった手で歌詞カードをめくります。

男性のMさんも欠席をしない皆勤賞。2年前に妻を亡くして気落ちし、専門家はだしの腕前の切り絵もしなくなり、悲しみに落ち込んでいました。

「ことあるごとに妻を思い出し、やりきれなくなって、何にもする気になれませんでした」

「初めは、今更童謡なんて馬鹿らしいと思っていましたが、今は女性の皆さんのやる気に引きずられて、しわがれ声ながら参加しています。中でも『とんがり帽子』は懐かしいね」と、気力を持ち直してきました。

Tさんは、「合唱団では、ハーモニーが大切だと言われますが、ここのユニゾンはそれ以上。いわば人生はハーモニーですから。皆さんと歌えるだけでも幸せ」と、張りのあるソプラノは今も健在です。

エピソード2

母とデュエットする童謡

ご家庭で介護している場合は、「合唱」ではなくても、父母と二人で思い出の童謡や唱歌を歌うことで気持ちを和ませくつろぎを作ることができます。

私は、母が長いセンテンスの話に理解が及ばなくなり、話すのも難儀になった時に、子ども時代に帰った気持ちで、たくさんの童謡を一緒に歌いました。

歌詞の文字を拡大コピーして母の膝の上に載せて、一緒に見ながら歌いました。母も大きな声ではありませんが、懐かしさをかみしめるように、ハミングで応じてくれました。気持ちが通い合ったようなひとときです。

娯楽が乏しかった世代には、歌が気持ちを癒す手軽な楽しみでもあります。朝のお茶の時間など、毎日、時間を決めて、歌うのはどうでしょうか。

《ケアのポイント》

高齢者の方々が楽しめる曲の選択が大切です。季節感を感じられる曲目選定をするところが多いようですが、地域で愛唱される固有な歌を取り上げるなど、工夫している施設もあります。

唱歌や童謡は、皆楽しく歌えます。導入としては適切ですが、適宜、やさしいけれど新しい曲や歌詞の美しい曲、リズミカルな曲を加えると、新鮮な感覚をもたらします。

「90歳になっても新しい曲を覚えたわ。そらで歌えるの」との喜びに教えられました。また、「丘を越えて」や「めんこい子馬」、「朝はどこから」、「青い山脈」などの昭和歌謡も大変好まれ、時に大合唱になることもしばしばです。

ご家庭では、ラジカセを小さく鳴らして一緒に唱和すると気持ちが和みます。地域の図書館の中には、童謡や昭和歌謡のCDを貸してくれるところもあるので利用してみてはいかがでしょうか。

3 ［絵手紙］心のきらめきを切り取る手法で思いを伝える

部屋の掃除をしていたら、友人から7年前の秋にいただいた絵手紙が出てきました。山ブドウの絵に、「お月見がしたいね」と一言添えてあります。

一瞬にして、今は疎遠になった彼女の顔が思い出されて、懐かしさに掃除の手が止まりました。

絵手紙は、絵を見るだけで、巧まずしてその時の風景がよみがえってきます。

季節の草花や風物と短い文章を葉書という小さい枠に切り取って描く絵手紙の手法は、大切な思いを凝縮させるうえでとても効果的で、長文で書かれるよりもズット印象的なメッセージとして伝わります。

高齢者にも取り組みやすく、そこに、カボチャなど季節の野菜の絵が描かれていると、もらう側はうれしくなることでしょう。

友達や親戚、孫、娘、誰にでも一言伝えられたら、おじいちゃん、おばあちゃんの大切なメッセージになり、喜ばれるに違いありません。

何気ない日用品、ご自分の愛用する湯飲みや急須も心のこもった絵柄になります。

「今度、ゆっくり茶飲み話をしませんか」と一言添えて。

エピソード1

大切にしまわれていた娘からの「葉書の束」

母が逝き、遺品整理をしていると、机の中から、折に触れ私が出していた手紙や葉書が多数出てきました。

「大切に思い、捨てなかったのだ！」

しかし、読み返してみて、がくぜんとしました。

それは、何と事務的で時候の挨拶や忙しくて会いに行けない言い訳の羅列。暮らしの一端を垣間見せるような言葉に乏しく、母を気に掛ける暖かみのある言葉もわずか。母はどう感じていたのでしょうか。寂しかったかもしれません。申し訳なさで体温が引いていくように感じました。

しかし、母は、100歳を迎え、町で小学生に何か話をして欲しいと頼まれた時に、うれしそうに娘の気遣いを話していたと後で聞かされました。

「娘が小まめに葉書をくれるのがうれしい。皆さんも大きくなったら、お父さんやお母さんに手紙を書いてあげてください」と。

もし、私の葉書に椿の花でも添えてあったなら、言葉の貧しさを補って、もっと優しさと気遣いが伝わったのではないかと悔やむことしきりです。

エピソード2
励ましの一筆「見上げてごらん」

絵手紙歴14年のUさん（80歳）は、はにかみながら話します。

「この絵手紙を入院しているお友達に送ったら、電話で『あなたの絵手紙、元気がでるの。上手。また送って』そう言われたのよ」

Uさんに、その絵手紙を見せてもらいました。

葉書いっぱいに、大きな口を開けて青空に泳ぐ大きな2匹の鯉と吹き流し。この絵に添えられた文字は伸び伸びとした「見上げてごらん」だけ。

絵柄は、下から順に、赤い緋鯉《ひごい》、黒い真鯉《まごい》、吹き流し。目を大きく開けてお腹の膨らんだ鯉はいかにも元気そう。

青い空に流れている雲は、最初にクレヨンで描き、その上に顔彩《がんさい》の水色を塗っています。

鯉のぼりは、葉書とは別の紙に筆と顔彩で描き、その輪郭に沿ってハサミで切り抜いたものを葉書にのりで張り付けているもので、うろこは千代紙を切って貼っていました。

Uさん独自のやり方です。

添えられた「見上げてごらん」という言葉に、病気の友は励まされたことでしょう。ともすると、下を向きがちな病院生活に、「時には空を見上げ、退院後の生活も思い描いてみよう」との願いが込められていたに違いありません。

Uさんは14年前に、パートタイマーで仕事をしていた時にぎっくり腰になり、昔から絵が好きだったことも手伝って、葉書くらいならお金もかからないからと、絵手紙を始めました。

字は「小学校の通信簿に『字の練習をしましょう』と、毎回書かれていた位ヘタでした」と自嘲しますが、なんとも味のある伸び伸びとした雄渾な字を添えています。

Uさんの絵手紙は、友達や親しい親戚に次々と送られていて、「個性的で感動した」と喜ばれています。

「もう、この年になると褒められることもありません。だから、褒めてもらえるのがやっぱりうれしく、励みになるの」

毎朝の散歩は、健康維持以上に題材探しの方が大きなウエイトを占めています。

エピソード3

田舎の妹と交わす毎月の心の便り

Hデイホームでは、毎月、絵手紙教室を開催し、15人くらいの方々が学んでいます。毎回、季節の花などモチーフを決めて、この日の題材は「パプリカ」。

一人ひとりの机の上にパプリカを置き、ダーマトグラフの鉛筆で力強く描き始めます。

「真ん中のヘタから描くと描きやすいですよ。下絵ができたら好きな色で塗りましょう」

講師のアドバイスに、少し耳の遠い認知症気味のMさん（87歳）は、緑色の大きなパプリカを選びました。

Mさんは、緑が大好き。葉書を縦に置き、紺色の鉛筆でまずヘタを描き、ついでパプリカの凸凹を描いて、下書きが完成。

「パプリカの光の部分は、色を塗るのをやめて地色を生かしましょう」とアドバイスがあります。

緑色を塗り、できあがったところで、「あれれ、先生、字を書く場所がなくなってしまいました」と、困惑気味のMさん。

「Mさん、娘さんに出すのですか。立派なパプリカですね。好きですか」

講師の問いかけに、Mさんは、首をかしげました。

「先生、これは、ピーマンでしょ」

先生の間違いを指摘したと得意顔で、余白の乏しい葉書の隅に「みどり色のピーマンが好き」と、書き付けました。

葉書からあふれんばかりのパプリカ改めピーマン。味のある力強い作品です。

Mさんは家に帰ったら、絵手紙を、そば屋を開店した娘さんに送るのです。

娘さんがお店に絵手紙を飾るたびに、従業員の方も楽しみにしていて、もらうと自宅の玄関に飾るのだとか。味を占めたMさん。

「そば屋の店先に飾ってあって、喜ばれているの。うれしいから、何枚でも描くのよ」

講師も仲間も「最近、メキメキ腕をあげている」と、高評価です。

Mさんは、田舎にいる妹さんにも絵手紙を出します。

「毎月、妹とも文通しているの」とうれしそう。

そんなMさんの葉書に書かれた言葉は、カーネーションの絵に添えて「最近、家の中で転んで肋骨《ろっこつ》を折って痛い」。

タンポポの花には「春、桜もタンポポも終わり、コロナも終わると良いね」

《ケアのポイント》

絵手紙は、「ヘタでいい、ヘタがいい」と絵手紙作家・小池邦夫氏が始め、今では全国に愛好家がいます。「ヘタさの中に味が現れる」というもので、高齢者の趣味として気軽に楽しめる良さがあります。

誰に出したいかを考えることで、その相手かを思い浮かべ、心を寄せるひとときになるのが暮らしの彩りとなります。

▼準備する道具

①青墨と硯《すずり》（墨汁）②顔彩（固形絵の具）③画仙紙（書道用の大判の紙）④筆（いつも使っているもので良い）、ダーマトグラフ鉛筆（ワックス分の多い太めの芯と木ではない紙巻き仕様の鉛筆）⑤グラフィックペン ⑥割り箸や爪楊枝 ⑦消しゴム

（練ゴム）⑧パレット（梅鉢）⑨筆洗具 ⑩モチーフは、花や野菜、果物、動物、自分で描いてみたいもの、相手の好きなものを選びます

4 ［吹き矢］楽しみながらできる腹式呼吸の健康づくり

的に向かって一礼し、呼吸を整え、筒を構える、この一連の優雅な所作が弓道にも似て、吹き矢の魅力です。

高齢期になると、どうしても呼吸が浅くなりがち。すると、自律神経が乱れ、血行が悪くなり、むくみや便秘、全身のだるさなど様々な症状が現れ、活動が制限されてきます。

こうした病気一歩手前のいわゆる気の乱れといった症状を改善しリラックスした状態を作るには、腹式呼吸が有効であるといわれています。

腹式呼吸は、背筋を伸ばし、鼻からゆっくり息を吸い込み、お腹に空気をためていきます。ついで、口から吸う時の倍の時間をかけてその空気を吐き出します。

この呼吸法を意識的に行うことのできるスポーツが吹き矢です。

立てなくても車いすに座って、挑戦することもでき、知らず知らずのうちに、意識的な深い呼吸が身に付きます。

エピソード

「真ん中に当たった」気分は爽快

「今度こそ真ん中に当てるわ」

Tケアハウスの朝の澄んだ空気の中、吹き矢教室が始まりました。

「ヒュー」という空気を切り裂く音に続いて、「バシッ」と矢が的の中心に当たる音が響くと、「すごい、すごい、見事だわ！」と皆の歓声と拍手喝采。

12人の参加者が5回ずつ、順番に用意された的めがけて矢を放ちます。

今日の1位はMさん。小柄な女性で、肺と心臓が悪く、呼吸法こそ健康づくりに欠かせないと、毎月2回、欠かさず参加しています。

この教室は、「水彩画や合唱などの文化的なものも楽しいけれど、何か健康法か体操をやりたいわ」とのケアハウスの入居者の要望から始まりました。

講師は、25年前に大腸がんの手術で人工肛門になり、呼吸法が大切であると気づいて、吹き矢の訓練で元通りの肛門に戻ったという経験の持ち主。

吹き矢は、立ち位置から5~10メートル離れた先の円形の的をめざして、矢を吹く日本発祥の競技です。

教室では、的に向かって矢を吹く人の一連の所作や複式呼吸に、見守るみんなも緊張した空気に包まれます。

「この瞬間の雰囲気が大好き」

「雑念が払われる」と好評です。

Yさんは、「はまるとやめられない」と、大絶賛。

物静かなNさんは、腹式呼吸で筒を構えるまでに時間がかかるので、傍らで見ている皆は、「今度は当たるだろうか?」とハラハラ。しかし、吹く力が弱く、なかなか的に当らず、逸れてしまいます。5回のうち、的の中心に当たるのは1回くらい。それでも、めげずに楽し気です。

Mさんは、瞬発力があり、「バシッ」と的に当たります。

「私は肺も心臓も手術したのに、この吹き矢のお陰で元気になれたわ。それに、みんな、健康維持に一生懸命、仲間がいるから励みになるわ」と、的に当たる喜びとそう快感を味わっているようです。

《ケアのポイント》

吹き矢は、円形の的めがけて息を吸って矢を放つだけの単純な動作ですが、健康レベルに関わらずワクワク、ドキドキ感を味わえ、和やかな触れ合いの場とすることができます。

健康度に応じて、単に的の中心に当てるだけでなく、ビンゴゲーム（数字が並んだカードから縦、横、斜めのいずれか一列連続して消したものが勝者となる遊戯）などの要素を取り入れると面白いものになります。

▼準備する道具と指導

団体により相違があります。私が採用したのは、①吹く筒（100〜120センチ、内径13ミリ）②矢（長さ20センチ、重さ1グラム）③的（発砲ポリエチレン製）④的シール（張り替え用）です。

吹き矢を健康法として扱う複数の団体があります。安全に指導をしてもらうには、地域の体育団体に問い合わせて紹介してもらいましょう。インターネットの団体ホームページも調べてみてください。

5 ［水彩画］モネかピカソか、上手より好きなように描く

「絵筆を持つなんて、中学校以来かしら？」

「家事育児に忙しく、趣味なんてないわ。絵が描けるかしら？」

高齢者施設で水彩画教室を開催すると、「絵の描き方なんて教わったことがない」という方々がほとんど。

それでも、「向日葵《ひまわり》を描きます」と、実物を示されると、好きな色を選び、筆に水を含ませ、一筆塗ると、童心の絵心が刺激され、思いのほかのでき栄えに満更でもない笑みがこぼれます。

モチーフを観察する→細部を認識する→色を決める→絵筆に含ませる→画用紙に描き

こむという一連の動きは、脳の活性化に役立ちます。

さらに、講師から評価されると、「この年になって、つたない絵を褒めてもらってうれしい」という自己効力感につながります。

同じものを描いても、筆遣いや色の選択など一人として同じ作品にはなりません。個性が表現されます。

エピソード

楽しく描けるなじみのモチーフは台所の野菜で

「農家の方からカブを分けてもらいました。今朝の収穫だから新鮮ですよ」

水彩画講師のMさんが、葉の長さ60センチ、根の部分15センチの白と赤のカブを15個、B老人ホームのレクリエーションルームの机の上に広げました。

今回の水彩アート教室は、カブをその大きさのまま描こうというもので、画用紙も掛け軸のような幅40センチ、長さ70センチの長方形です。紙の色は、オレンジやクリーム色、紫、水色、ピンク、肌色とカラフル。

「皆さん、画用紙の色をまず選んでから、赤か白どちらのカブがその色に、似合うかを考えましょう」

講師の言葉が続きます。

「匂いをかいでみましょうか。カブはどんな感じですか」と、参加者に問いかけます。

「青い感じです」

「赤カブだから赤よ」

「菜っ葉の緑です」と、様々な声が飛び交います。

Mさんはアートセラピスト。対象を匂いや手触りで把握し、五感を研ぎ澄ます独特な手法です。

「画用紙の上にカブを載せて、鉛筆でなぞってみてください。葉を手で動かしてもかまいません」と、具体的に描き方を示します。

実物を画用紙の上に置いて、その縁をなぞるというユニークな絵画手法に、参加者は「だったらできそう」と、デッサンがはかどります。

なかでも、白髪で色白、臙脂《えんじ》のブラウスにピンクのセーターのYさん（90歳、介護2、認知症）は、やおら、赤カブをクリーム色の画用紙の上に立てて、描き始めました。

まるで、ウサギの耳をもって立ち上がらせているように、いすから立ち上がり、カブの葉っぱを右手で持ちあげ、左手でカブの丸い形を画用紙に写し取りました。

「立てて描きたいの」

Yさんの言葉に、講師のMさんは意表を突かれました。寝かせて描くことを想定していただけに、思いがけないやり方に目を見はりました。

「素晴らしい発想ね」と、感心しきり。

やがて、葉の処理に難渋し始めたYさんに、「葉っぱの位置は、この辺から出して描くと、立ったようになるかな」と、少しアドバイス。

「すごいね、立てるって考えてもみなかった。写生って、絵心を要求されるようだけど、皆さんとらわれずに自由に描いて面白い」と、生活相談員も感嘆の声。

ほかの方々は、皆カブを寝かせて「難しい。難しい」と言いながらも、のびのびと描いていきます。

次に彩色。カブに好きな色を塗りますが、白い部分や光っているところは、塗らずに画用紙の白を活かすことなどを助言します。

やがて、皆の作品が仕上がったところで、ホワイトボードにずらりと展示しました。

まるまるとしたカブやゆがんでいるもの、こじんまりとしているものなど様々な表情をしていてどれも個性的。

とりわけ、Ｙさんのカブを縦に立てて描いた作品は、ひときは異彩を放っています。「やっぱり、面白い。カブは立っているけれど、葉は寝ていますもの。まるで、正面と横を向いた顔が同一画面に違和感なく描かれているピカソの『赤い肘掛《ひじかけ》いすの女』のようで、自由自在に物を感じられる感性がすてき！」と、講師は絶賛です。

《ケアのポイント》

高齢者施設に入居していると季節の移り変わりや色、音などとかけ離れてしまいがちです。

水彩画は、単調な暮らしの中でも、物を見つめる感性を育み、心を開放していくことに適しています。気軽に芸術家気分を味わえる機会となるでしょう。老人ホームの場合は、地域の美術協会や連盟に指導経験のある方を紹介してもらいましょう。

鈍った五感を活性化させるアートセラピストという専門職もいます。水彩画に限らず、クレヨンやアクリル絵の具も含めて様々なテクニックを使うことができるので、変化に飛んだ指導が期待できます。

ご家庭では、地域の中に、絵の好きな方や美術大学生がいると案外気軽に引き受けてくれるかもしれません。

美術館や博物館に行くなど、外出レクリエーションと組み合わせると、ややもすると失われがちな社会への関心を持ち続ける機会にもなります。

▼準備する用具とモチーフ
用具は、画用紙、水彩絵の具、パレット、筆と筆洗具、鉛筆、消しゴムなど。

モチーフは、暮らしに身近な花や果物、野菜などが描きやすいでしょう。

6 〔陶芸、粘土細工〕よみがえる泥んこ遊びの記憶

子どもの頃、泥んこ遊びは大好きでした。

泥団子を作ってはお店屋さんごっこ、砂場では友達とトンネルづくりの競争をしては、

すぐ崩れ、いつも負けてばかり。

中でも祖父に連れられて素足で田んぼに入る時の指の間からグニュッと、泥が抜けていく感覚が面白く、わざと転げまわったものです。

こうした土と交わる児童の頃の感覚は、高齢者の誰しもが懐かしい共通感覚として記憶されているに違いありません。

陶芸や粘土細工は、そんな記憶や感覚をよみがえらせるレクリエーションです。

エピソード1
「ろくろ」がなくてもできます

「先生、ろくろがなくても陶芸ができるのですか」

今日は陶芸教室。ご飯茶碗《ちゃわん》を作ろうというので、N有料老人ホーム4階のダイニングに8人の方が集まり、興味津々で講師のB先生に質問を投げかけます。

テーブルには、先生の用意した赤土で厚さ5ミリ、18センチ角の粘土板と直径17センチの円形の型紙、蚊帳の布、プラスチックの茶碗型（内径17センチ）が並べられています。

パーキンソン病のため車いすで、左手が若干不自由なTさん（88歳・介護3）は、平らな粘土板に興味深げです。

「先生、この粘土は、どうして、こうも平らにきれいにできているのですか」と。

B先生は「これは、タタラ切りというのです」と説明。

机の上で5ミリの厚さの木の棒（タタラ板）を左右に置き、真ん中に置いた粘土を伸ばし、平らにし、その上をワイヤーでスライスして、でこぼこの土の面を切り、平らにして見せました。

「なるほど、すごい、すごい。見事ですね」と、皆さん感心しきり。

今回の陶芸は、この平らな粘土板を用意した茶碗の形にかぶせて形を創り上げる「タタラ内型作り」という初心者にもできる方法です。

先生が作り方を解説します。

「この平らな土の板を型紙の丸さに合わせ切り、その間に、蚊帳をはさみ、プラスチックの茶碗にかぶせて形にしていきます」

「いいねえ。自分で作った茶碗でご飯が食べられるなんて。孫にあげたいから少し小さめに作れるかな」

Tさんは、片手が不自由なのを忘れ、茶碗型に蚊帳をかぶせ、いち早く、土の板を載せ、両手で勢いよく土を抑え込んでいきました。

「土の板は、押し付けるのではなく、優しく包んでください」と先生。

理解したTさんは、車いすの上で姿勢を正し、手のひらで茶碗を柔らかく整え始めます。最後に茶碗の底の高台に土を細く丸め、水で貼り付けました。

ひっくり返し、蚊帳を取ることで、プラスチックの形も抜け、茶碗が姿を現しました。

つぎに、色付けです。

Tさんは、黒の墨でためらわずに「王将」と書き付けました。

「将棋が趣味だったんだよ。孫は喜んでくれるかな?」

Tさんは、満足気。マイ茶碗が完成しました。

後は先生が作品を持ち帰り、窯で焼き、うわぐすりを塗って、後日持参してくれました。

おじいちゃんが作ってくれたこの王将の茶碗で、孫が毎日うれしそうにご飯をほおばっていると、息子から報告がありました。

エピソード2

紫陽花の葉っぱの型紙でお皿を作る

エピソード1のような本格的な陶芸は、仕上げに窯焼きが必要ですが、ご家庭で楽しむには、焼きが入らないために湯飲みやお茶碗には使えませんが、粘土細工が手軽です。

＊

「今日は粘土細工です。草木の葉を型紙にしますので、この中から好きな葉っぱをおとりください」

Hデイホームで、N講師が、庭先の紫陽花《あじさい》の葉や散歩の道すがら採取した蔦《つた》、楓《かえで》の葉などを机に並べました。参加者は、思い思いの好みのものを選びます。

「私はコレ」と、ちょっと大きめの紫陽花の葉。

「俺は、この楓がいい。ギザギザが気に入った」と、ためつすがめつです。

ついで、材料の粘土とそれを伸ばすボール紙の筒を配りました。

「粘土を少しこねたら、うどん粉を棒で伸ばすように、筒で伸ばしてください」

各人、子どもも時分のどろ遊びを思い出すかのようにうれ々として粘土をこね、伸ばしていく作業に夢中です。

粘土の手触りには、「冷たい！」

平らにする時には、「伸ばすのにずいぶん力が必要だね」

「丸くならない」など、ぼやきながらも楽し気です。

普段から無口のSさん（79歳・介護2・男性）は、白い半そでシャツから出た太く力強い手で粘土をこねます。

「Sさん、紫陽花の葉ですか。外側を竹ナイフで切り落としましょう」と助言すると、顔をほころばせました。

女性陣は、作業の間も、おしゃべりが止まりません。

「あら、葉脈がきれいな模様になって面白いね」

「昔は、お祭りにはうどんを食べていたから、これくらいお手のものよ」

口もなめらか手も軽やかに動きます。

Sさんの紫陽花の葉が、丸さも程よくでき上がりました。

「料亭のお皿のように、葉っぱの両脇と葉柄を少し持ち上げてみると格好よくなりますよ。カギ置きに使えるかしら」

N講師の助言に形作りが終わりました。

続いてヘアードライヤーで乾燥させ、色付けです。

色塗りの最初は、葉脈の中まで黄色に塗り、その上に、各自が好きな色で葉っぱを作品にしていきます。

Sさんは葉脈の黄色の色付けをし、次いで、葉は緑色を塗ります。

女性陣は、ほぼ紅葉の色。

仕上げにニスを塗り、完成です。

Sさんの緑のお皿は、形も色も本物そっくり、直ぐに使えそうです。

「Sさん、緑色がつややかで、すてきですね。何を載せるの。奥様が喜ぶねー」と介護士が声をかけた途端、目からは静かに涙がはらはらと流れ、手で拭っても拭っても流れてきました。

「柿も作ったの素早い」と、女性たちからは賞賛の声が上がりました。

なんと、皆が気付かないうちに、残った端切れの粘土を集めて丸め、いつの間にかオレンジ色の柿も作っていました。

緑の葉っぱのお皿と柿を前にして、また、あふれる涙。感激屋です。

《ケアのポイント》

陶芸や粘土細工の練る、こねる、形を作るなど一連の作業が運動分野と感覚分野を同時に刺激します。

作品も指使いや手の力によって、思うままに形を変え、時には思いもかけない形になり大変面白く、その感覚が脳に刺激を与えます。

また、立体の花瓶や動物などの作品になると空間認知機能も刺激されます。

仲間の人たちと一緒に同じものを作っても手の大きさや感性によって独自の世界が広がります。

完成時にはアクリル絵の具で色を付けると、さらにユニークで明るい作品となって、「高齢者は地味好み」という思い込みを覆してくれます。

指先や手のひらの感覚を育て、いつまでも若い脳でいられる刺激と楽しさが生まれるのが陶芸です。体全体の力を柔らかく使うのもメリットです。

▼粘土細工で準備するもの

型紙として木の葉を用意しました。庭先の紫陽花の大きめの葉っぱや散歩道の道すがら楓などを拾い集めました。

大きさは、手のひらより大きめの葉（15センチ×12センチ位）で、肉厚で、葉脈がはっきりしているものがお勧めです。
①粘土は、工作用の軽量石塑粘土（500グラム。1人分は3分の1程度使用）②粘土を伸ばす紙の筒（サランラップの芯等）③色付けの時に載せる2センチ程度の深さのある紙皿　④粘土を切れる竹平や爪楊枝《つまようじ》　⑤色付けには速乾性のアクリル絵の具　⑥色を定着させる木工ニス

7［染色］昔は家で洗い張り、今はハンカチ染めの贈り物

私が小学生の頃、母はよく軒先に洗い張りの板を立てかけ、のり付けした着物を乾かしていました。

昭和20年代は、女性の生活着は着物が多く、汚れると水洗いをし、仕立て直しをするのが一般的。母のような一家の主婦の大切な役目だったのです。

木々の緑が青々とする季節に、庭先に浴衣がなびく光景など、今はなかなか見られません。

母の介護を始めてから、その懐かしい風景を少しでも感じてもらいたくて、織の工房や染め物の工房によく見学に行きました。

母は、絹のショールや布が風に揺れているのを懐かしそうに仰ぎ見、よほど気に入ったのでしょう。

「しっかりしている絹だ。昔は真綿も作ったんだよ」と、養蚕農家であった頃の思い出に話が弾みました。

高齢者にとって、思い出は人生の宝物。染色は、昔懐かしい昭和の暮らしの営みを再び味わえるレクリエーションのひとつです。

エピソード

安価な染色で、アッと驚く、つややかな色

「こんにちは。私は江戸小紋染の二代目染師です。小紋染は、型紙で染めるのですが、蒸したり、洗ったりいろいろ手間がかかります。今日は、もっと簡単に楽しめる染めを

考えてきました」

Ｋホームの「染色講座」で、江戸小紋染師のN先生が、染める用具として台所スポンジを四角や三角、細長くと、様々な形に切ったものを参加者に配りました。

染める布は、50センチ四方の薄口綿ローンのハンカチ。染料は、緑やオレンジ、黄色それに臙脂に近い赤の４色。

初めにN先生が染め方を説明すると、さっそく、認知症気味のYさん（85歳、介護2）が、スポンジを持ってテーブルの上で、たたいてみました。

「これで染められるのかしら」と独り言。

Yさんは、おもむろに、白いハンカチ1枚を広げ、ゆがんだ四角のスポンジで悩まずに緑色の染料を付けました。

ハンカチの中央斜めにどんどん押します。

周りで見ていた職員が見かねて「Yさん、緑ばかりで大丈夫ですか」と。

それでも、かまわずに、次に黄色、オレンジと別の形のスポンジに染料をつけて緑色の下の方に、きれいに並べ線の模様になりました。

「もっと、ハンカチ全体に散らしてみてはいかが」

「上の方はどうかしら」と、周りから声がかかります。

しかし、Yさんはおかまいなし。

「いいの」と、少しの隙間に、今度は小さいスポンジで赤を点々点と打ち入れます。

少々模様に自信が無くなってきて、「変かしら?」と後ろを振り返りました。

「いいんじゃない。乾かすと面白いかもしれない。緑の色がどんな風になるか楽しみだね」と、途中から見学に来ていた夫が、優しく守り立てます。

自身を取り戻し、「オレンジをもう少しかな」と言いながら加え、完成です。

「どれも個性的で面白いですね。着物の模様にしてもよさそうなのもあります」

先生の講評に、皆さんそれぞれが、自分のものの評価が高かったのかなと思い込み「楽しかった。もっとやりたい」と、大きな拍手が沸き起こりました。

終了後、ホームの庭先には、昭和の暮らしをほうふつとさせるように、洗濯ばさみに止められた色とりどりのハンカチが風になびいていました。

翌月、Yさんが、「どう、この袋」と自慢げに見せてくれました。

何と前回作ったハンカチは、赤い小さな模様が緑の中に浮かぶ、かわいい小さな手提げ巾着《きんちゃく》になっていました。

《ケアのポイント》

私が小学生だった頃、台所から、ツーンと鼻を突く匂いがしたので、「何が起こったのか」と庭から母のいる台所に、あわてて飛んでいったことがありました。土間の台所では、母が、鉄の釜に私のほぐしたセーターの毛糸を入れ、染色していました。昔は、このように普段着は、手間暇かけて染め直しをしていました。

しかし、その染料も今では改善されて、趣味活動として誰もが使いやすくなりました。

染料は、染める布などによって、明度や彩度など様々な表情を見せます。したがって、まずは染めて見なければはっきりと分からない面がありますが、それがまた醍醐味でもあります。

模様も絞り具合や使う道具によっても違うので、水洗いして初めて現れる時は、「開けてびっくり玉手箱」の感動の光景です。

ご家庭で行う場合は、むずかしく考えないで、染料を扱っているお店で、染料と使い方を教えていただきながら、やりやすいように、作業を単純化しましょう。

◆手軽にできる作品作り

つぎの作例は、N先生のやり方をまねて、私自身がいくつかの高齢者施設で実施してきたものです。

ご家庭でも取り組めると思います。

［作例①・絞り染め］

絞り染めは、たこ糸を巻いて絞ります。柔らかい布に巻いていくのがやりにくい場合は、枝などの木に布をかぶせて巻いていく方法もあります。しかし、絞りたいところの布をつまみ、輪ゴムに通してぐるぐる巻いていく方法が、高齢者にとっては手軽です。

初めに、どこに模様を作るのかを決めておきます。

［作例②・ローラー染め］

直径5センチくらいの市販のローラー（100円ショップにあります）に染料をなじませて、布に転がして模様を作ります。

染料は市販のもので、大丈夫ですが、ステンシル用の染料を使う場合は、洗わないで、そのまま干すか、アイロンをかけます。

［作例③・たたみ染め］

たたみ染めは、ハンカチを好きな太さの蛇腹に折り、その上に筆で、線を描き、模様にしていきます。

最初にハンカチを塩水につけておきます。その濡れたハンカチを蛇腹折りにしたものをプラスチックか、発泡スチロールの容器に入れ、上から溶いた染料を筆につけ、色を変え、しま模様に描きます。

終わったら止め剤を流します。少し置いてから水で洗い流します。蛇腹では見えないところに染料が動き、予想外の模様ができます。

8 ［紙工作］夏祭りの夜店のお面を思い出し

日本には、四季折々の暮らしの中に様々な習わしがあり、私たちの生活に潤いをもたらします。旧暦では、二十四節気七十二候という実にこまやかな季節の移ろいに心配りをする知恵が息づいています。

お正月はもちろんですが、節分やひな祭り、子供の節句、七夕、夏祭り、お月見、紅葉狩り、七五三など、家族を結びつける大切なしきたりになっています。

私の子どもの頃は、母に連れられてよく実家の夏祭りに出かけて行きました。そこには、従妹たちが集い、山車や神輿《みこし》の後を追いかけて日がな一日喜々として遊びまわっていたものです。神社の境内の祭提灯《ちょうちん》に灯りがともる夜ともなると、アセチレンガスの匂いとともに、能舞台の上からは、笛や太鼓の音に合わせ、おかめ、ひょっとこの踊りが始まり、実に楽しいひとときでした。

母にとっても、年に一度の実家でのこの時間が日常生活の息抜きであり、暮らしのめりはりにもなっていたようです。

介護暮しになると、こうした四季の変化に無頓着になりがちですので、意識的に童心を取り戻す試みに取り組むと良いでしょう。

エピソード

「あら、このお面、作った人にそっくりね」

「お正月飾りにしたいので、今日はおかめのお面を作りましょう」

Ｔ老人ホームで、童心にかえっての紙工作、お正月飾りとしての「おかめのお面作り」をしました。

参加者は、男性も2人入って、13人。

お面の骨組みは、３センチ幅のボール紙を顔の形に合わせてホッチキス止めし、その上に新聞紙と和紙を貼り合わせようという簡易なもの。

見本として、市販のおかめの面と実物大のイラストを示しました。

「あっ、これか」

「おかめって、目と目がずいぶん離れているんだね」

「細いね。いったい何センチあるのかな」と、男性から苦笑が漏れます。

サンプルのおかめの面は、下膨れの顔に細長い目、小さい赤い口元が愛らしく、顔の白さも頬の赤みのぼかしもかれんです。

お正月のホームの玄関に、皆さんが作ったこのようなお面が赤い帯状の和紙にずらっと並べられると、正月気分も盛り上がるだろうという心積もりです。

「あら、下膨れ」

「昔はこれが美人だったと言うんでしょ。分からないわね」

「今じゃ、ブスでしょ」

「小顔が売りよ」などと感想が様々に飛び交います。

白髪で茶系のブラウスにセーターのTさん（83歳、介護2）は、さっそく、60センチの長さの細長い紙の端と端をホチキスで止め顔の輪郭を作ります。

「顔の輪郭は、おかめの顔のように上の方は細く、下の方が膨らむよう手で形を整えてください」と助言。

「お結びの形のようにすればいいんでしょ？」と、心得顔のTさんの大きな声。

次は、剣道の面のように骨組みとして、顔の真ん中の上下に1枚、ついで左右に3枚の用紙を渡し、ホチキスで止めます。

次々に、おかめの顔の輪郭ができ上がっていきます。

「小学校の学芸会でお面を作ったから、その時、以来だ」とTさん。

Tさんの思い出がよみがえりました。

「私は、門前仲町の生まれよ。子どもの時は浅草の花やしきが遊び場だったの」

「だから、こうしたお面は大好き。その頃は、鞍馬天狗のお面を付けた弟とチャンバラごっこを花やしきの庭でよくやっていたの」と、懐かしそう。

「すてきねー。うらやましい」

「このお面をずらーと並べると、お祭りの射的場みたい」と、皆から羨望の声が上がります。

話ながらもTさんの手はよく動きます。

新聞紙を5枚重ね、最後に障子紙を3枚重ね、おかめの下膨れ顔が完成しました。

「どうかしら、かわいいでしょ」と見せてくれた張りぼてのおかめの面は、なんだかTさんの顔に似ているようです。

この日はここで終了。

乾燥して、翌週、おかめの顔を描く、2回目です。

この日は、おかめのなだらかな髪の毛の形を鉛筆で描き、目の位置も決め、まず顔の白色を塗りました。

「目は難しい」と難渋する声がしきり。

細筆で、細い目の形を作るだけを手伝いつつ、「黒目は書いてね」とできるだけ自力でやるように誘導します。

また、「口は品位を表します」と言いながら、参考のために口の形を白い紙に描きます。それを見つつ、皆さんは、いろいろな口に紅色を塗りました。

最後に髪の毛を墨で塗り、ドライヤーで乾かして見事、完成。

作品は、十人十色、丸い鼻の形もまちまち。Tさんのおかめは少々すまし顔、顔半分より下が張った下膨れですが、どうみてもTさんの顔。なんとなく、目も似ています。皆さんからも「似ている」と評価は上々。

花屋敷の懐かしさも手伝って、Tさんは、いつもの鬱はどこへやら、にこやかな笑顔が見られました。

《ケアのポイント》

ご家庭では夏祭りなど思い出を語りながら作ると、介護する方もストレスの解消にもなります。

作り方は、次のとおりですが、簡単ですので色々アレンジしてみてください。

〔おかめのお面の作り方〕

材料は、工作用紙（100円ショップで売っています）を使います。

骨組みの枠は3センチ幅。お面の輪郭は、自分の顔に合わせて作るとよいと思います。おおよそ60センチ。

剣道の面のように、顔の縦に1本、横に3本、細く切った工作紙をかけ渡します。止めるのはホチキス。

この縦横に貼り付ける骨組の細い用紙は、天地31センチ、横に掛ける3本は、顔の上方から20、22、25センチに切り、鼻の分として18センチくらいを切ります。

枠組みができたら、その上に、新聞紙を重ねて貼り重ね、最後に、障子紙を貼って、張りぼてを作ります。新聞紙は、10センチから15センチ角に手で切ったものを一人30枚くらいと障子紙を新聞紙より、若干大きめに切ったものです。

顔を下膨れにすることと、鼻をいかに美しくつけるかがコツです。

のりは、大和のりを薄めて使用しました。

顔は、水性ペンキの白、赤、ピンク、墨で描きます。

描くために、絵の具用の太筆と細筆、水バケツがあると便利です。

※おかめの面の顔の輪郭を四角に作り、角を付けると鬼のお面にもなります。

9 【園芸】プレゼントに使えるやすらぎの草花づくり

「きれいねえ。この花なんて言うのかな。ここの家の人に聞いてみようか」

老人ホームに入居する母の車いすを押しながら近所を散策している時に、母に問いかけました。

「タチアオイだよ」

耳が遠くなり会話も乏しくなったにもかかわらず、母は花の名前も分からない娘に教え諭すように答えました。

母は戦争未亡人。そのため、祖父と農業を営む傍らの楽しみは、もっぱら庭に花を育てることでした。

春になると、庭は一面の白いハナニラやムスカリ、水仙の花ざかり。さらに、牡丹《ぼたん》や芍薬《しゃくやく》、菖蒲《しょうぶ》、アヤメ、テッセンと色とりどり。

夏には、向日葵や百合《ゆり》、マリーゴールド。

秋になると桔梗《ききょう》や竜胆《りんどう》、菊を植え育て、切り花は、常に仏壇やお墓に供えられていました。

きっと、花に夢中になることで、日々の苦労や悩みを忘れ、心のバランスをとっていたのでしょう。一緒に草むしりをしたこともありませんでしたが、手入れの苦労話を聞いたことがありません。

草花を愛でることは、高齢者の気持ちを安定させ、大きな癒しを与えてくれます。

エピソード1

ベランダ園芸でチューリップ

「チューリップを育てたい」

車いすのSさん（85歳、介護1）の希望で、Fホームの3階ラウンジで、室内ガーデニングを行うことになりました。

指導は、近所の花屋の店主。

当日は車いすの方でもできるようにホームのサロンの床とテーブルにブルーシートを

敷き、横長65センチのプラスチックのプランターを6台持ち込みました。

プランターには、腐葉土が6割まで入っています。球根は、紫と赤、ピンク、黄色に花開くものを用意。

ホワイトボードに球根や肥料の絵を描き、チューリップの育て方を説明します。

「球根には表と裏があります。平の方から葉が出るので、その面をプランターの外側に向けて植えると葉がきれいに開きます」

基本を学んだあと、手袋をつけて、さっそく、好きな色の花の球根を選びます。

「先生、赤く咲く球根はありますか」と、Sさん。

「ありますよ」

「主人がいつも誕生日にチューリップを送ってくれるの。中でも、私は赤が好き。今度は、私があげたいんです」と、照れくさそう。

ご主人は元気に、まだ現役で仕事をしているので、別居暮しも長くなりました。

球根を配置するにあたってSさんは、「周りは赤色でいいですか」と、皆に了解を求めます。

「真ん中に植えるのは白か黄色でいかが?」と、20個の球根を一つ一つ丁寧になでながら置きました。その上に、皆で柔らかくあたたかい土をかぶせ、完了です。

最後に6台のプランターにそれぞれジョウロで水をまき、しっとりとした腐葉土の花壇ができ上がりました。

「土に触ったのは久しぶり」

「気持ちが良かった」

「早く芽がでるようになるといいね」

お茶を飲みながら、花づくりの楽しさに会話が弾みます。

「各階のベランダに2台ずつ置くので、明日から、朝、水まきをしてください。当番をやりたい人はいますか」と、職員が呼びかけました。

Sさんはさっそく、「私がやります」と、勢いよく手を上げます。

春になり、ご主人に赤いチューリップの花束を無事プレゼントできました。

エピソード2

畑を借りてお花畑を造る

「お父さん、雨が上がったから、一緒に花畑に草むしりに行かない？」

Iケアハウスに暮らすAさん（83歳）は、早朝にご主人（93歳）に声を掛けました。

「よし、行こう。もうグラジオラスが咲いているかな」

かまを持ち軍手をはめると、二人そろって花畑へでかけます。

この花畑は、10年前にケアハウスの隣の特別養護老人ホームから「畑に花を植えてくれませんか」と依頼され、Aさんが、70坪の畑を無償で借り受け、花を植えることにしたものです。

折々の花の種は、少し離れた花屋にバスで買いに行きます。

この日は、春に球根を植えたグラジオラスの青々とした茎と葉が生えそろってきたところです。

花は、オレンジにピンク、白に黄色と4色が見事満開です。ブルーサルビアやアゲラタムもきれいに咲き、畑の半分は紫色になっていました。

「もう少し赤い花が欲しかった」と、Aさんは工夫を怠りません。

春先はルピナスや勿忘草《わすれなぐさ》、チューリップなどカラフルです。

栽培を始めた翌年からは、自然に触れ合う身近な癒しの花畑に、隣の特別養護老人ホームから、入居者の皆さんが車いすで見学に来るようになりました。

さらに、3年たってルピナスの花が満開の頃、特別養護老人ホームに暮らすHさん（80歳、男性）がカメラを持って、車いすで職員と一緒に見学に来て、写真を撮って帰りました。

Aさんの花づくりの腕はますます上達し、もはやプロ並みの栽培農家。しばらくすると毎週のように、花はケアハウスの受付カウンターに大きな花瓶に飾られ、来客の方々を和ませました。

また、ケアハウスでの押し花教室の押し花の素材としても活用。さらに、お住いの方々の仏壇のお花にもなるなど重宝されました。

「花を作っていると、無心になれるの。何よりも気が晴れて毎日が幸せ」と、Aさんは力説します。

七年後の年末、突然HさんがAさんを訪ねて来ました。

何と手には、Aさん夫妻が栽培した花の数々の写真を納めたアルバムファイルを持っています。

「花畑に癒されました。このアルバムにAさんの丹精込めた成果を撮りました。ありがとう」

Hさんは、Aさんにアルバムを手渡しました。
思いもかけない贈り物にAさんは感激しきり。
「アップの写真に魅了されました。短い命の花々が永遠に息づいているの。季節ごとに今も部屋に飾っています」

《ケアのポイント》

古今和歌集に「久方の光のどけき春の日にしづ心なく花の散るらむ」（紀友《きのとも》則《のり》作）という桜の名歌が詠まれているように、古来から日本人は桜が大好き。桜に限らず、花に癒され想いを仮託《かたく》する方々は多いようです。とくに、高齢者にとっては極めて重要なアイテムです。

エピソード1では、栽培容器として比較的安価なプラスチック製のプランターを使用しました。

水やりは、土の表面が乾いたらたっぷりと与えるのが基本ですが、乾燥していないのに与えると根腐れを起こして枯れる原因ともなりますので注意しましょう。

ご家庭でも、心を通わせる手軽な試みです。ぜひ小さな鉢でもいいのでご一緒にやってみましょう。

10 ［布アート］古い着物の端切れを貼って花を描く

「典子、この洋服を着てみ」

突然、母が小学校1年の私に、サラサラした絹の牡丹色の洋服を着せてくれました。丸襟の前ボタンでポケット付きのかわいい上着です。

戦後のもののない時代、私は幼稚園までは絣《かすり》のモンペをはいていた田舎者。急に都会っ子になった気分です。

うれしくなって、隣近所に見せびらかしに行きました。

「どうしたの、きれいだね」

「とても似合うよ」

「典子ちゃん、かわいい！」

それを見た隣近所のおばさんたちは、手放しで褒めてくれます。私は有頂天。幸福感に包まれ、胸元のボタンをはめたり外したりしていました。

後日知ったのは、その洋服は、母が若い時に使った帯でした。和裁の得意な母は、娘を喜ばせようと、帯の芯地を外し、ツヤツヤと光沢する帯表を子供服に仕立て直したのです。その時の喜び、母の愛情、つややかな帯地の色や質感は、今でも鮮明によみがえります。

和服が日常着であった時代を生きてきた人々にとって、古着や布の端切れさえもとても大事なものだったのです。

それゆえ母は、１００歳を超え身体の自由が利かなくなって、老人ホームに入るまで、布地に愛着を持ち続け、布の端切れを使った飾りお手玉や袱紗《ふくさ》を数十個も作り続けていました。

エピソード

モダンなちりめんのアネモネにビックリ

机の上に20センチ角の紫や赤、臙脂など色とりどりの布が並びます。素材は、古着をほぐした布や木綿、麻など端切れ。

S特別養護老人ホームで私の指導する「布アート倶楽部」が始まりました。花や果物などのイラストが描かれた厚紙に、貼り絵の要領で、布を切り取って貼りつけた絵を作ろうという倶楽部で、参加者は15人。

最初に、歩行補助車ロレーターを押しながら白髪の長い髪を束ねたしっかり者のKさん（98歳、介護3）が入って来ました。

「今日は何を作るの」と、待ちかねたように尋ねてきます。

「アネモネです。知っていますか」と、様々なアネモネの写真を広げて見せました。

「春先の花で、一重も八重もあり、発色が良い花です」と、説明します。

Kさんは、いすに座るや否や、「ねえねえ、きれいな模様の一越《いちこし》ちりめんはないの？」と、自分の好みの布地を欲しがりました。

「無地でもいいですか」

「いいよ。昔は、柄行きが大きくモダンなメリンスなんて言うのもあったね」と、懐かしむ風情です。

「はい。ちりめん」と、布地を差し出します。

「そうそう、これこれ」と、黄色のちりめんを手に取って満足気。

「ちりめんは、絹の平織りで、縦糸と横糸のよりが違うので、こうなるのよ」と、Kさんはうん蓄を語ります。

「ちりめんがお好きですか。和裁でもしていましたか？」と、Kさんに問いかけました。

「ええ、もちろん。私は、母親に似て不器量だったので、嫁のもらい手がないだろうからと、祖母から手に職をつけるために和裁と洋裁を仕込まれたの」と、自慢話。

「花びらを好きな色で1枚ずつ色を決めて、切って、貼ってみてください。つややかな花になるといいですね」と、私。

一通り私からの説明が終わると、皆さん一斉に作り始めました。

Kさんは、さっそく、型紙に布を貼り、それに合わせてハサミで切りはじめます。手順はすっかり頭の中に入っているようです。

ハサミの使い方が実に巧み。

「さすがに上手ですね」と、周りの皆さんが褒めちぎります。

「そう。何が役立つか、分からないね」と、話しながらも手は休めません。

「最後にこの紫色を貼りたいんだけれど、花びらの色具合はどうかしら？」

この最後の花びらの布を貼って終了。

「うまくいったと思うけれど、できはどうかね」と、少し心配です。

「あらすてき！モダンなアネモネね」と、皆さんから賞賛の声。

安心したのか、Ｋさんは、恥ずかしそうにはにかんでいます。

「部屋に飾って、娘に見せたい」と、額に入れながらニコニコしていました。

時々訪ねてくる娘さんは、毎回布アートの作品を楽しみにしています。

「意地っ張りなのでなかなか話がかみ合わないけれど、作品を見ながら『お母さんの和裁の腕前はさすがね』と褒めると、うれしそうなの。昔話を語り合う良いきっかけだわ」

《ケアのポイント》

布アートは、布地の手触りや色彩が昔の記憶を呼び覚まし、感情の癒しになると考えて、取り組んでいます。

目の前にある具体的な布を選択するので、絵の具を使うより、作り手の好みが自然に表現されることになります。

また、下絵を分解し、布を貼り重ねることで立体感も表現できるので、高齢者の表現活動としても適していると考えています。ご家庭で作る場合には、次の作り方を参考に取り組んでみてください。ハサミが使えない方には、ご家族が各パーツを切っておき、ご一緒に貼っていかれると楽しさが倍増します。

完成したら100円ショップに売っている額に入れると、世界に一つだけの芸術作品、思い出の財産になります。「布選びがすてき。見事ね!」などと一言褒めましょう。うれしいものです。

▼必要なもの

貼り付ける布は、古着や端切れなど適当な大きさに切ったものを用意します。ハサミと水性ボンド、両面テープが必要です。

〔作り方〕

① 作品の下絵(モチーフ)は、厚紙に自分で描くか、挿絵や写真などを印刷して使います。

② 大きさは、2L判かA5判くらいが高齢者に扱いやすいようです。

③この厚紙を台紙にして、ここに布を貼っていきます。
④台紙と同じ下絵が印刷された用紙を用意し、この下絵を分解して型紙とします。
⑤その型紙に両面テープを貼り、そこに布を固定します。
⑥固定した型紙に合わせて、布を切ります。
⑤切り取った布にボンドをつけて台紙に貼っていきます。
⑧奥から手前に順序良く貼っていくことで完成です。

※貼る順番を決め、番号を振っていくと、認知症の方でも混乱なく作ることができます。

第4章

日々の介護を もっとラクに気分よく

1．季節の〝しきたり〟で介護をリフレッシュ

介護を担う皆さんは、相手に寄り添い心の通うケアを心掛けようと努力されていると思います。しかし、例えば時としてせっかく配慮して塩分控えめの介護食を作っても「まずい。食べたくない」と口につけてくれないときなど、気持ちがなえたことはありませんか。こうした小さな行き違いは、日常生活でもしばしば起こることです。でも、介護生活では、蓄積されると大きなストレスとなっていきます。できれば、これらは早めに取り除きたいものです。

日本には昔から気分転換を図るうえで有効な暮らしの習わしがたくさんあります。ケアをしているからこそ、このならわしを意識的に行っていくと、介護されている方も楽しく喜び、一石二鳥で便利です。

夏に風鈴を出し、秋には月見団子を作ろうと季節の移ろいに合わせて準備をする楽しさ。介護の重さや大変さは変わりませんが、こうした季節行事をすることで、「そろそろ衣替えだねー」などと要介護者への声掛けにもゆとりが生まれ、節目節目を生き抜いていく幸せが醸し出されます。試してみてください。次の季節もきっと乗り越えられます。

・節分：豆まきをする。恵方巻やコンニャクを食べる。
・春分と秋分：墓参り。おはぎ（ぼたもち）を食べる。
・ひな祭り：おひな様や桃の花を飾る。ひなあられやひな餅を食べる。
・端午の節句：五月人形を飾る。菖蒲《しょうぶ》湯に入る。柏餅を食べる。
・母の日：カーネーションや「ありがとう」カードを作る。
・七夕：七夕飾りを作る。願い事を短冊に書く。
・土用の丑《うし》の日：鰻《うなぎ》や梅など「う」のつくものを食べる。
・お盆：迎え火、送り火。キュウリ馬やナス牛を作る。そうめんを食べる。
・クリスマス：折り紙でクリスマスツリーを作る。ケーキを食べる。
・冬至：柚子《ゆず》湯に入る。カボチャを食べる。
・お正月：初参り。お雑煮やお正月料理をいただく。お年玉をあげる。

こうした伝統的な習わしを行う場合、昔ふうにこだわると難しくなるので、現代ふうに簡素にアレンジするのがコツです。また、誕生日や入学卒業などの家族のイベントなども楽しみです。春分や秋分の日の墓参りに、親戚とのお付き合いも息抜きになります。

また、季節ごとの衣替えの際の下着やコートなどの準備も変化を楽しむきっかけになります。

私は、母が老人ホームに入居していた時、母の日にカーネーションを持参しました。花瓶がなかったので、急きょ、重しと水を入れた水飲み用の紙コップ8個を1列に並べ、母に花をはさみで短く切ってもらい、生けました。

「きれいだね」と母。「今日は母の日だよ」と告げると、「うれしい、ありがとう」と涙ぐんでいました。何気ないプレゼントに喜ぶ母、とても心の通い合う母の日になりました。母が危篤になった時にも母の年齢の１０３本のカーネーションを部屋に飾りました。

母は花が大好きでした。

2. 便利なお出かけ袋を用意する

要介護者には、必要な外出グッツがあります。それらを目的別に袋に入れて用意しておくと便利でした。

デイに通う時にはハンカチやポケットティシュ、薬、入浴の際に必要な下着や予備の紙おむつなど、病院の定期健診には健康保険証やお薬手帳などのように。

籠には、月曜籠、木曜籠と分けて入れておくと、すぐ出かけるのに便利です。さらに、気候の変化の合わせたセーターやカーデガンなども先に準備しておくと効率的でした。

また、洋服やカバン、身の回りの必需品などは、部屋の1か所に置き、空間を開けておくのも大切なことです。つまずき防止にもなります。母は、ベッドの下に敷いた茣蓙につまずき、転びました。

3．手づくりのお祝い膳で、食卓に季節感を

私の子供の時分の誕生日は「五目御飯」がごちそうでした。母の得意料理の一つで、ゴボウをささがきにする香りが台所から流れてきたら、お祝い食の用意でした。

何もない時代の母の味に思い出が広がります。母直伝の五目御飯を介護の母に食べてもらうことはできませんでしたが、今も私の得意料理は五目御飯です。それぞれの家庭の味を祝い事で作ると楽しいものです。

コンニャクの白和え、吹き味噌《みそ》、竹の子の煮物、酒まんじゅう、幼児の頃のおやつにさつま団子というのもありました。五月の節句には、竹の子御飯でした。

昔の食事のメニューは「ばっかり食」といって、大根ができれば大根の味噌汁にふろふき大根、サツマが取れればサツマの天ぷらにサツマの煮物というように、その旬のものからメニューを決めたといいます。旬の野菜は元気を生み、食欲をそそりますので、旬の野菜活用も介護食のコツの一つです。

料理が得意でない人は得意の人の知恵を借りたり、レトルト食品の活用でも、家族のぬくもりがかもしだされて、うれしくなります。

4. 元気のもとは若返りスープです

母の定期健診の帰り、診療所の近くの洋食屋さんによく寄りました。母の好物のミネストローネスープを注文すると「おいしい。うまいね」と声を出し、完食していました。

母の具合が悪くなり、なかなか外で食べられなくなってからは、実家に行く前にその洋食屋さんでスープのテイクアウトをしてもらい、持参しました。食欲がなくてもスープは飲めるのが救いでした。市販のコーンスープもよく使いました。

病弱の友人は、週1度、残り物の野菜と昆布でスープを作り、元気になった例があります。とにかく、スープには不思議と人を元気にさせる力があります。

5. スプーンに頼るよりお箸を使えるプライドも大切

食事の時に指先に力が入らない方にはスプーンが良いと、様々なスプーンが開発されるようになりました。自力で食事がとれてうれるように工夫されるのはうれしいことです。しかし、箸を使う意味もあります。

老人ホームに入居した母にスプーンを持たせ、食べるようにすすめてみました。ところが、お惣菜の小さい野菜などは、器に貼りついてスプーンでは取れないようなのです。

そこで、箸を渡したところ、母は箸の先を細かく動かして総菜の野菜の薄い小さいキャベツも見事に口に入れ、おいしそうに食べ始めました。

箸には、スプーンと違う食べものの素のおいしさが伝わる良さがあるのでしょう。母には、箸を使えるというプライドもあったようです。

6. ワイシャツリフォームでエプロンをプレゼント

老人ホームのレストランで一様に目にするのは、ビニールの大きなエプロンを首からさげている人たちが大勢いることです。

食事中口もとから食べたものがこぼれてしまうのを防ぐためには仕方がありませんが、「なぜ、このビニールの大きなエプロンか」と思ってしまいます。大人としては、プライドが許さないのではないでしょうか。

リフォームの会を主宰している私の友人は、ワイシャツの袖を取り、前身頃と後ろ身頃だけを使い、周囲にミシンをかけてボタンや襟付きエプロンを推奨していました。男性には好評です。

こぼす原因は、体が思うように動かない、歯がない、目が見えにくい、距離がつかめない、麻痺《まひ》があるなど機能低下によるものも多いので、本人もストレスです。

姿勢が悪いこともあるでしょう。車いすから食卓のいすに移乗した場合は、両足がきちんと床につくことも大切です。ホーム職員や家族が、テーブルと本人の位置をきちんと確かめてくださると食事に向かう姿勢も変わります。チョッとの気配りで快適な食事になります。

7. 誤嚥予防の〝パタカラ〟体操は効果的

コロナ禍でマスクの日々が続くと話をしない日常が続きます。そのため、口を動かさなくなることで、口の周りの筋肉の動きが変わるといわれます。高齢期、介護を受ける毎日の中では会話も少なくなり、口を動かすことが減っていきます。

母の耳が遠く、補聴器が使えないとき、私との会話は筆談となりました。発話も「いいよ」「嫌だ」くらいしか言わなくなったときには、つばの飲み込みが少なく、むせるようになりました。

老人ホームでは、誤嚥《ごえん》予防に「パ」「タ」「カ」「ラ」と発音する「パタカラ体操」という口の運動をしますが、普段から歌を歌うなど、口を動かすレクリエーションも有効で元気のもとにもなります。

8. 食卓テーブルに緑を添えてお茶会を開く

食卓に飾る花の花粉を嫌がる方に配慮して、あるケアハウスではガラスの器にポトスの葉を入れて飾り好評でした。これには、水の中に炭を入れているので、長期間濁りません。週1回の水換えでOK。12年前から始められ、今も、連綿と続けられています。

また、裏庭にはミントを植えていて、緑の葉が出るとつまみ集めて、ガラスのポットに入れてミントティーをつくり、3階のサロンでお茶を楽しむ会を催していました。器の中の緑の鮮やかさに、憩いのひとときがより楽しくなったようです。

時には紅茶、時には緑茶に季節の和菓子も添えて、くつろぎのひとときを過ごされています。介護疲れでストレスの日々を過ごしていた友人は、香りの良いコーヒーで「元気が回復できた」と、和やかな時間を共有できる幸せを語ってくれました。

9．「家族がいるよ」と、枕元のラジオで空気を変える

Cさんの母親は、介護5で寝たきりです。Cさんを中心とした家族の支えで暮らしています。左半身不随で、目は部屋の明暗くらいしか分かりません。耳は聞こえるようですが、言葉は出ません。Cさんの「刺身買いに行ってくるよ」、「畑に行くよ。夕方には帰るから」という言葉に、「うん、うん」と、うなずく程度です。

以前は、まつ毛が動きましたが、今はまつ毛も動かないといいます。ホームヘルパーの支援を受けていますが、いつも家族がいるというわけではないので、一日時中、母親の枕元ではラジオがかけられています。

「身近に誰もいなくても、ラジオが何かしゃべっていると、人がいると思えるから助かるね」とCさん。

孤独の解消が目的ですが、介護する側にも地震情報や世の中の動きが手に取るように

分かると言うメリットがあります。「母の介護で、テレビを見る時間も友人とお茶をする時間もない。藪の中にいるから大事な情報ツールでなんだよ」と、話しています。

Cさんは、「母は、俺の声は分かるんだ！」と、心の支えにしています。

10．手でできない日常も電化でスムーズに

在宅介護のYさんは介護4、会社員時代に病気で、手も足も不自由になり、車いす生活を余儀なくされました。夫婦の二人暮らしですが、不自由さを克服するため家屋をオール電化に改修しました。

ドアフォンへ「こんにちは」と声を掛けると、車いすのYさんが、手元にあるリモコンで引き戸の玄関ドアを開けたのです。玄関回りもスッキリ整理されていました。

部屋はベッドの横に整理タンス。これもきれいに整理され、窓からの日差しはブラインド越しにやわらかで、ベッドカバーを照らしていました。ブラインドもリモコンで自由に上げ下げできるようになっていました。隣のキッチンへの開け閉めも、当然リモコン

でした。

朝起きたら朝日を浴びることを日課にしているYさんは、朝のブランドの開閉を「自分の手で上げ下げできるのが何よりもうれしい」と、言っていました。積極的に快適さを手に入れることが大切であると学びました。

11．就寝時にひとりにさせない身の周りケア

母は、若い時から一人で頑張ってきたからでしょうか、不安があっても人にも言えず、押し殺してきました。そのせいか、不安症だったようです。

夜、電気を全部消して就寝するのを嫌がり、いつも小さい電気をつけていました。老人ホームに入居しても、夜寝るときは、皆さん補聴器を外し、ゆっくり休むのですが、母は「補聴器をはずさない」と拒絶。さらに「眼鏡をはずしたくない」と断った日もありました。

私が訪問し、就寝するまで付き添ったときには、眠ったことを確認してからから眼鏡

や補聴器を外してゆっくり休んでもらいました。きっと、家族と離れて一人ぼっちでいるさみしさ、見捨てられてしまうのではないかという不安が大きくのしかかってきたのではないかと思います。

12. 車いす生活には大きめのニットが便利

春先の爽やかな日の外出着は、綿ローンの細かい花模様のブラス。秋は、藤色の綿の厚手のレース入りのジャケット。母のお洒落はその程度でした。

普段着の母は、毎日着替えて洗濯して、早く乾いてアイロンがけもいらない繊維のブラウスでした。車いすの暮しになってからこの化繊が曲者でした。

車いすでは、どうしても体が内向き猫背になるため、ブラウスが体から離れ肌になじむより浮くという感じになります。ズボンの下にブラウスを入れてもすぐ出てしまいます。体になじむ着心地の良さから考えるとなかなか難しいと思いました。

ホームの職員からは、ニットのように伸びちぢみする2サイズ大きいものがよいとの助言をいただきました。

母には、木綿や綿ローンがいいのですが、今はなかなかこうした品物も少なく、その上、色や模様にも一言あるので、服選びは悩ましいものでした。

そのうち、老人ホームに訪問販売の洋服屋が来てくれることを聞き利用しました。これは、母と一緒に選べるので、楽しいショッピングで助かりました。

13. 身体が不自由でもおしゃれ外出を手助けするグッズ

身体が不自由な方の雨の日の外出は困難ですが、最近は皆さん普通に街に出られています。そのような時のためのコアテック生地で作られていて、車いすごとすっぽり入るレインコートや、簡単つけ襟シャツ（上肢の可動域の少ない方や麻痺のある方、ヨダレがたれる方、寝たきりの方用）などの「お助けグッツ」を販売している団体もあります。

また、和服を車いすでも着られるようにと美容福祉を進めている団体では、車いすでもできる和服の着付け指導や自分でも着られるような指導をすすめています。このほかにも今は、和服も上身頃と下身頃の上下を分けて作るという二部式着物もあり、車いすでも普通に、和服を楽しむことができます。

外出が可能な方は、ぜひおしゃれを楽しんでほしいものです。

14. 簡単にしてあげられる下着の名前つけシール

デイホームの利用や老人ホームへの入居は、多くの人たちとの集団生活です。ここでのスムーズな暮らしのために家族が学ばなければならない準備がたくさん生まれます。

その一つに下着への名前付けがあります。「まるで、子供を保育園に入れる時みたい」と、少々不満に思いました。多くは黒のマジックで下着の見えないところへ名前を書いているのですが、あまりきれいではないので何とかしたいと思っていた矢先に、姪《めい》がネットで名前シールを購入してくれました。両面テープのようなビニール素材のものに名前が印字されていて、シールをはがしてアイロンをかけると下着に張り付いて、洗濯しても取れません。

便利できれいですが、老人ホームで作業する方にとってはどうでしょうか。文字が小さいのが難点でしょうか。それでも、私にとっては季節ごとの衣服の入れ替え準備になるので助かりました。例えば、自分の好きな花の文様のシールで判別できたりすればよいですね。

15. ソックスは心地よさ優先でまとめ買い

「足のむくみを何とかしたい」。一日中車いすで暮らす母の暮しで、気の毒に思ったのは足のむくみです。座ったままの暮らしなので血行が悪いため、夕方になると、足がむくみソックスのゴムの跡がまざまざと付いている状態になります。

私は、外反母趾《がいはんぼし》のため、血行が悪いので、その不愉快さが理解できます。何とかしたいと思いましたが、自分の足ではないので、適正の感覚がつかめません。

引き出しにソックスはたくさんあるのに丁度いいのがないのです。ゴムがきつい、丈が短い、材質が薄いなど色々です。「適切」が難しい。今は「はき口ゆったりソックス」

や「らくらくソックス」「はき口取っ手付き」「転倒防止付き」など様々なものが販売されているので、一番気持ちよいといったものをまとめて買っておくと便利です。

ある方が「典子さん、いいでしょ。」と、見せてくれた足元は、緑や赤、黄色のカラフルさ。「男物なの。丈が長くて温かいのよ」と自慢していました。ソックスもおしゃれのポイントですね。

16. 下着の着替えは運動をかねて

好みの洋服を自分で選べなくなった母に、「暑さ、寒さも彼岸までだから、春の色のブラウスにしよう」と、声をかけつつ、「これと、これのどちらがいい？」と、木綿の花柄と無地の2つを手に取り、選んでもらいました。選択の幅を狭くすれば、母も自分で選べます。

ついで、ズボン選びです。ブラウスに合う紺色ですが、履く時のウエストのゆるみが、丁度よいかどうかが気になります。トイレの時に介護職員の作業がしやすく、そのうえ、ずり落ちず、気持ちの良い暖かさも必要なことです。肌になじむ快適さは、自分のことではないので戸惑いますが、想像力を働かせましょう。快適さの肌感覚は、人それぞれ、意外に違うものです。

着衣の脱ぎ着も、最初に頭を脱ぎ、次に手を挙げて、運動のつもりでスッと脱がせるのが簡単だと思います。朝のいっとき、下着が丸まらないように体にスッと手を入れ伸ばして落ち着かせるなど、気分の良い着替えが、リズミカルにできると何やら弾んだ気分で元気がわいてきます。

17. ポータブルトイレを清潔に使う処理袋のコツ

車いすでも元気にケアハウスで暮らしているGさんが「転倒したらしい」との電話が突然ありました。

「95歳で今でもお元気なモデルのようなあの方が、どうしたの?」と聞くと、「夜中にトイレで転んだらしい。大腿骨骨折で手術かも・・・」とのこと。

「ポータブルトイレをベッドの脇に置いてあったけれど、あれを使ったら朝、誰かが洗わなくっちゃいけないから、Ｇさんは使わなかったのだと思う」という推測です。

確かに在宅介護の一人暮らしは、細かいことに気を使っています。ポータブルトイレをきれいにするだけのためにヘルパーにお願いすることに、ちゅうちょしたのでしょう。

そういえば、私も母の隣に寝て介護をしていたときは、その都度、ポータブルトイレを洗っていたものです。

最近は、トイレ処理袋というポータブルトイレのバケツに入れて、排せつ後にはそれを捨てるという製品があります。しかし、処理に人手や手間がかかることに変わりがありません。排せつ処理は悩ましい問題です。

18. 手のひらマッサージで伝わる親愛の情

要介護者が毎日入浴するのは難しくなります。私は、寝る前のひとときはせめてものくつろぎと思い、母にはベッドに座ってもらい、２つのバケツにお湯を入れて足湯をしていました。

併せて時々は、かゆみ防止として背中などに使うベビーオイルで、母の片手を包むようにしながら手のマッサージもしました。スエーデンのタクティールケアのように柔らかく包み込むようにするのが基本ですが、日ごろから母の肌にあまり触れてこなかったので、母は面はゆそうでした。しかし、慣れるにしたがい、「気持ちがよい」とか「ありがとう」と、たくさんの感謝の気持ちを口にするようになりました。

「人に触れる」という親愛の情の表現には、もっと早いうちから慣れておく必要があると思いました。

19．認知症カフェ活用で耳より情報を得る

認知症は、ひどい物忘れがあったとしても自分が病気であるという自覚を持ちにくい病です。しかし、医者から認知症であることを告げられると、本人は言うまでもなくご家族もショックが大きく、どうしたらよいのか不安や戸惑いにさいなまれることになり

ます。

こうした初期の認知症の方たちのために、気軽に相談ができる施設として認知症カフェがあります。

ここは、コーヒーでも飲みながら、ざっくばらんに悩みを打ち明けることができ、情報交換も図れる相談所です。認知症を患う方が、地域で暮らすことができるように手助けをしています。参加費用も1人数百円程度。開催は月1回のところが多く、週1回のところもあります。

運営は、社会福祉法人や自治体、NPO法人、ボランティアなど様々。国は、認知症高齢者や家族が集える場所として2012年から「オレンジプラン（認知症施策推進5か年計画）」で、全国に拡充を図り、財政支援もしています。

私がアクティビティで関わっていたリハビリテーション病院でも、看護師のAさんが中心になって市と連携し、医師や看護師、介護職員などの専門職と地域の方々が協働で、任意団体として認知症カフェを始めることになりました。

施設は、古い戸建ての民家を借りることができました。カフェの名前は、アットホームな雰囲気にしようと「K子さんの家」。地域の人たちもボランティアとして参加。Nさんは料理上手なのでケーキ作り、Mさんはコーヒーを入れるスタッフのリーダーです。

季節の年中行事も行います。

ある日、ここに70歳代のOさん夫婦が連れ立って訪れました。妻は多動な認知症のために、しきりに動き回ります。夫のOさんは、こうした妻の徘徊を追いかけているだけで疲れている様子でした。

カフェに来ると、妻は、案の定部屋の中を行ったり来たり、自由に歩き回って落ち着きがありません。Oさんは愚痴ります。しかし、カフェの誰もがOさんの嘆きを「なるほど、なるほど」とうなずき、理解を示してくれるので、徐々に気持ちがやわらぎ、少しの時間くつろげたようでした。

しかし、3か月後認知症が進み、妻は転んで入院。Oさんは、妻の入院中も、カフェには、ちょくちょく顔を出していました。

「介護保険は薄々わかるけれど、妻が退院したら、どうしたらよいのか、判断がつきません」というのが、Oさんの悩みだったようです。

Oさんは、カフェで手作りケーキやコーヒー飲み、気分を落ち着かせながら、看護師のAさんやケアマネージャーに退院後の生活について、あれこれよく質問していました。

何回か通ううちに、「到底1人では面倒を見られない」と、ようやく事態を受容するようになりました。

病院との退院後の話し合いの日には、「妻がどのような施設でお世話になることが、より幸せになるのか、考えがまとめられました」と、決意のほどを語っていました。

看護師のAさんは、「介護で、考えがまとまらないときや地域の情報が分からないときには、迷わず訪れてほしい。ケーキでも食べながら、様々な角度からより良い介護やケアを一緒に考えることができます。認知症カフェは、地域の相談所です。楽しみながら機能しています」と、カフェの意義と成果を語ってくれました。

20. 寄り添ってもらえる賢いケアマネージャー選び

母は99歳まで、朝9時、バスで町が運営する福祉センターに通い、午前中はそこに集う方々と手芸などを楽しみ、午後は家の庭で好きな花作りをするという暮らしを続けていました。しかし、秋頃から、バスの乗り降りを独りでするのが難しくなり、福祉センターには行かなくなり、一日中家にいる日が多くなりました。

100歳を迎えた頃、言葉や行動もだいぶ怪しくなってきて、「家にばかりいては、人との交流も無いので、デイサービスにでも行くと楽しいのではないか?」と考え、町の地域包括支援センターに介護保険の申請を出しました。

保険適用の要件であるケアマネージャーを決める段階になり、ふと、母の個性も分かってくれる明るい方がいいと考え、母の懇意の社会福祉協議会にいたKさんにお願いすることができました。

最初の打ち合わせは10月。母も久しぶりにKさんの顔を見て、安心したのでしょう会話に加わりました。Kさんは、耳の遠い母に筆談用のタブレットを持参して、文字を書いて説明してくれました。これで、おおよその介護保険やデイサービスの利用の仕方も分かりました。

デイサービスは、Kさんが母の好みに合う3か所を選択し、提案してくれました。そこで、義妹と母と3人でそれらを見学しました。その結果、近所の母の知人も通っている小さなデイサービスがよいだろうと、その方の利用日に合わせて通うことに決めました。

そこは、8畳に6畳2間くらいの小さい民家で、利用者も6〜9人の少人数。だからでしょうか、一人ひとりに対する目配りが行き届いていていました。例えば毎日の連絡帳が素晴らしいものでした。そこには、日々の母の様子が的確に写真にとられていました。手作りおやつを作っている様子、ボールけりをしている様子、花見でベンチに座っている様子など様々。その日のことがその日のうちにありありと分かります。

日常活動も家族のような暮らしぶり。天気が良ければ車いすで母を花見やレストランに連れ出し、季節行事にも積極的に参加。時に頭に手ぬぐいを被ってのお料理も楽しみ、いつも声をかけて、見守っていただき、母にはピッタリでした。

Kさんは、定期的な介護支援計画の策定も母のやる気が生まれるように趣味や楽しみの提供をデイの職員にも伝え、理解を深め、いつまでも歩けるようにと訪問リハビリも組み入れてくれました。しかも、時々、尋ねてきては母の顔を見て励ましてくれ、母も元気に毎日迎えの車に乗って行きました。

その1年後の夏、母が熱中症のようにぐったりとしたときにも、Kさんは、すぐ飛んできて、かかりつけ医院の受診に同行してくれて、心強く思ったものです。

その後、デイサービスに通える体調には戻らなかったため、老人ホームへの入居を考え、Kさんから様々な情報をもらい、近隣に木々の緑のある母の好みに合った老人ホームへ入居させることができました。

地域情報や医療情報、日々のケアのやり方など、介護は全く未知の世界です。しかし、Kさんのようなケアマネージャーや地域包括支援センターの支えがあったので、母の活力を最後まで生かし、励まし、共に伴走できたとつくづくありがたく感じました。

あとがき

高齢者の介護は、とかくケアの仕方に焦点が当てられ、ややもすると日々の暮らしに思いが至らなくなります。私もそうでした。母の介護が始まると、楽しさを作り出してあげようとする気持ちのゆとりを失いがちでした。

「ついに行く道とはかねて聞きしかど昨日今日とは思はざりしを」（『古今和歌集』）

平安時代の歌人・在原業平が、旅先で突然発病した時に、思わず死を意識し驚き嘆き、都の母親に届けて欲しいと詠んだ歌です。

この和歌が心に刺さります。誰もが知っているにもかかわらず、いざ自分の身に降りかかると動転してしまう揺らぐ気持ち。

私自身、高齢者のアクティビティに携わっていて少しは介護について知っていたにもかかわらず、いざ自分の母親の介護に直面した時には、余裕を失ってしまいました。自身のふがいなさを知るとともに、暮し方のひとつひとつが問われていることを思い知りました。

しかし、母も含めて、老人ホームやデイホーム、リハビリ病院などで見かける多くの方々は、どなたも前向きで生き生きとしていたのです。改めて、最後まで生ききる素晴らしさを学びました。

皆さんの元気な笑顔と歓声が、今も私の介護や日々の仕事に取り組む背中を力強く後押ししてくれています。

本書をまとめるに当たって、介護の現場で働いている専門職の皆さんに多くの助言をいただきました。

出版の機会を作っていただいた作家・下重暁子氏並びに元NHK美粧師・岡野宏氏に心より感謝申し上げます。また、原稿執筆に際しては、適切なアドバイスをいただいた青萌堂尾嶋四朗社長にお礼を申し上げます。

２０２１年　佐藤典子

著者紹介

佐藤 典子（さとうのりこ）

高齢者アクティビティ・プロデューサー

1942年、東京都生まれ。地方公務員退職後、ケアハウスの勤務を経て起業し、アクティビティ・プロデューサーとして高齢者施設で幅広い活動の助言や研修講師などを行っている。

地方公務員時代は文化や福祉関係業務に携わる。東京都社会福祉総合学院で福祉経営を学び、アメリカ・カルフォルニア州の福祉施設やスウェ―デン、デンマークの福祉施設を視察し、見聞を広める。日本社会事業大学社会福祉主事課程を修了した。

また、高齢者のアート活動として絵の具の代わりに布を使う「布アート」を発案し、普及啓発を進めている。とくに認知症の方にも創造性が生かせ、自信が生まれる（自己効力感が高まる）と評価を得ている。一方で、高齢者施設の文化活動を支援するボランティア団体「文化・芸術いきいきネットワーク」で地域活動を進めている。

本書は、これらの福祉活動の貴重な数多くの実体験から生まれた。

介《かい》護《ご》する人《ひと》される人《ひと》
心《こころ》に届《とど》く介《かい》護《ご》力《りょく》

2021年8月4日　第1刷発行

著　者　佐藤《さとう》 典子《のりこ》
発行者　尾嶋 四朗
発行所　株式会社 青萠堂

〒162-0808　東京都新宿区天神町13番地
Tel　03-3260-3016
Fax　03-3260-3295
印刷／製本　中央精版印刷株式会社

ISBN978-4-908273-23-0 C0047